不完全な社会をめぐる映画対話

映画について語り始めるために

河野 真太郎／西口 想

不完全な社会をめぐる映画対話——映画について語り始めるために

まえがき――映画と社会についての短い個人史

大学生の頃、家の近所のレンタルビデオショップでアルバイトをしていた。小・中学校の同級生やその家族、顔は知っているが話したことのない人たちなど、いわゆる「地元」の人が出入りする店だった。

そこがオープンしたのは私が小学生の頃。一九九〇年代前半から東京の西側の私鉄沿線に数店舗展開したローカルチェーンで、はじめて自分の会員証を作ったのは中学校に上がる前後だったと思う。それ以降、広い店内の棚を巡って、興味をもった音楽ＣＤや映画ソフト（ＶＨＳのちにＤＶＤ）を借り、家の再生機で視聴する習慣ができた。

アルバイトを始めて面白かったのは、店を利用するお客さんがどのような作品を選んで借りるのか見られるようになったことだ。会員証をスキャンすると、カウンターの内側のモニターにはその客の貸出・返却履歴が表示される。ヤクザ映画や戦争映画、ホラー映画など特定のジャンルしか借りない人、かなり前のテレビドラマを繰り返し何周も観ている人、長期延滞して多額の延滞金を払っては（どうでもよさそうな）同じ作品を借りていく人。

デリケートな個人情報なので、客に不信感や不快感を与えないよう、客の前で店員が履歴を確認するときは無表情になることが暗黙のマナーだ。貸出履歴はその人の趣向や個人生活と深く関わるものであり、人生の一部を垣間見るようだった。知っている人が思いもよらない作品を借りていることもしばしばあった。

私は夜シフトに入ることが多かったが、どんな時間帯に誰と一緒に来店するかが借りる作品と関係していた。仕事帰りにカップルで借りていくのは恋愛映画や家族映画で、冒険しない定番の作品が多い。同好の友人同士で薦めあうのはインディーズ系や「B級」映画。一人で夜深い時間にやってきて監督別の棚を吟味する人は、フィルモグラフィーを追うように朝方まで観るつもりだろう。知り合いでなくとも店員にオススメ映画を聞く客はいて、返却のときに居合わせると一言二言の感想を聞くこともあった。壁にはジャンル別に店員の推薦作品とコメントを記したカードが貼られていた（自分が何を推薦したか覚えていないが、ほかの店員が『ファイナル・デスティネーション』や『恋する惑星』を挙げていたのは覚えている）。

私は二〇〇七年に大学を卒業してテレビ番組や映画を制作する会社に就職した。まもなく、同じ駅前にＴＳＵＴＡＹＡができることが分かり、当時の店長の言葉を借りれば「たたかわずして」そのローカル店はあっさり閉じてしまった。ＴＳＵＴＡＹＡも二〇一〇年代前半には撤退している。

映画やドラマなどの映像ソフト、音楽ソフトの有料貸出をするレンタルサービス業は、二〇二四年現在でもごく一部に辛うじて残ってはいる。だが、二〇一〇年代後半から怒濤の勢いで普及した定額配信サービスによって淘汰されつつある業態だ。かくいう私も、この対談をするうえで観た過去作の多くはNetflixやAmazon Prime Video、U-NEXTなどの配信サービスを利用した。配信サービスや所有ソフト、アクセス可能なレンタルショップにない作品は、オンラインで「レンタル落ち」のＤＶＤを探して購入したが、「レンタル落ち」もそのうち、なぜそう呼ぶのか分からない言葉になっていくのだろう。

レンタルビデオ屋の周りでおこなわれていたようなコミュニケーションは、いまはＳＮＳや映画レビューサイト、配信サービス上の作品ページなどへと場所を移している。ネット回線の高速化とスマートフォンやタブレットの普及によって個人視聴化が進んだともいえるし、私の父がベータマックスやＶＨＳに好きな映画をダビングして個人でアーカイブしていた約四〇年前からずっと、人びとは映画館以外のさまざまな私的空間で映画を楽しんできたともいえる。映画史を遡れば、一九〇〇年代初頭に常設映画館が登場する以前には、キネトスコープと呼ばれる箱型の装置を一人でのぞき込むことが「映画鑑賞」だった時代がある。映画を観る方法と観客のあり方は、映画誕生から現在まで多様であり続けている。

もちろん現代ならではのダイナミックな変化もある。視聴できる作品の数が爆発的に増えた。戦後ずっと五〜八〇〇本の間で推移してきた新作映画の年間公開本数は、二〇一三年以降に一〇〇〇本を超えるようになった。単純に均して毎日三本の新作映画が封切りされ、同じスピードで次々と上映終了していく。傑作や話題作が生まれても、感想を誰かと共有する前に上映が終わっている。その一方で、主要なサブスクリプションサービスでは古今東西の一〇万本以上の作品が常に配信されている。

作品の選択肢が広がれば広がるほど、いま何を観たらいいのかが分からず、作品を決めにくくなる。映画を観るうえで誰もがまず参照するような共通のメディアプラットフォームも思い浮かばない。その結果、一本の映画が私たちの社会にもたらすインパクトや意味が曖昧になっている。YouTubeなどを中心として、旧来の映画やドラマ作品のフォーマットに当てはまらない動画コンテンツが流通していることも背景にある。

この現状を反映してか、わざわざ二時間近くもある映画作品を観ることの「メリット」

や「利点」を強調し、他の娯楽と差別化する言説が盛んだ。いわく、映画を観ることで、普段の生活では触れ合えない他者の人生や見知らぬ土地を疑似体験することができる。そうして深めた知識や教養は、観客の人間としての幅を広げ、仕事や人生の役に立つ。「できる人」になりたければあえて映画を観なさい、というわけだ。

小説や絵画など、より古い芸術ジャンルではすでに手垢のついた感のある「教養」によるリブートは、映画についてもそれなりに妥当で説得的だ。その気になればあらゆるコンテンツに自由にアクセスできる時代だからこそ、映画を観ることも「個人の利益」になると動機づける必要があるのかもしれない。

本書の著者ふたりは、そうしたアプローチを否定しない。私たちが暮らすこの世界を少しでも深く理解したい、どこでも通用する教養を身につけたいという欲望の根底には、「私の人生」をより良く生きたいという思いがある。ただ同時に、著者たちの関心は、社会のなかで作られ観られる映画の価値を「個人の利益」のみに還元して説明するよう命じるものは何か、ということにもある。いまの社会を覆っているそうした「欲望」や「命令」のあり方に当の映画はどのように関わっているのか。

河野さんと話すようになったきっかけは、二〇一七年九月に東京の浅草・田原町にある書店Readin' Writin' BOOK STOREで開催された『戦う姫、働く少女』（堀之内出版）刊行記念トークイベントだった。当時の私は、新卒から約五年間勤めた制作会社を辞め、まったく畑違いの労働組合スタッフに転職してさらに五年が経った頃。著書も知名度もないのに、編集者のつながりで初対面の河野さんとの対談の話をいただいた。そして新刊『戦う姫、働く少女』を読み、物語作品を扱う現代の論客にこのような人がいるのかと心底驚いた。たとえば、第二章は次のような言葉から始まる。

……文化と労働の分離は、まさにわたしたちの現在──新自由主義とグローバリゼーションの現在──の本質的な特徴なのである。文化と労働のそれぞれの意味が限定され、分離することこそが、わたしたちの生きる現在性の中心問題なのだ。
（河野真太郎『増補 戦う姫、働く少女』ちくま文庫、五五頁～）

ここで指摘される「文化と労働の分離」とは、直接的には、一九九〇年代以降のフェミニズムが「承認と再分配のジレンマ」と呼ばれる葛藤を抱えた状況を指す。女性も（男性のように）お金を稼げる仕事に就いて「やりがい」や「自己実現」を追求する、あるいはお金にならなくとも「私らしい」人生を探求するといった「承認」の課題と、女性という属性が社会で差別と抑圧にさらされるがゆえの搾取や貧困、格差の問題にとりくむ「再分配」の課題とが、あたかも別の問題であるかのよう想像される状況だ。職場でのジェンダー平等や性的自己決定権などを求めた第二波フェミニズムまでは、承認と再分配は構造的に一体の課題であった。しかし一九九〇年頃を境にポスト冷戦期、ポストフェミニズムと呼ばれる時代に入ると、公正さを考えるときの私たちの想像力は「再分配」から「承認」へと軸足を移し、資本主義に適応する新しい精神をもつようになる。そこで起きていることこそ、階級的（労働的）差異の文化的差異への置き換え、あるいは後者による前者の隠蔽である。『戦う姫』では以上のような理論枠組みから細田守監督のアニメ映画『おおかみこどもの雨と雪』（二〇一二年）を読み解いていく。

その作品分析の奥行きは『戦う姫』で味わってもらうとして、「文化と労働の分離」というフレーズは複雑な歴史的文脈をとび超え、私の生きる実感のようなものに直接響いたのを覚えている。映画や小説などで登場人物が働いている場面やそこにある問題が薄っぺらく描かれ、物語上でも解決されないことにモヤモヤしてきたこと。もっと個人的な話では、最初に就職した映像制作現場で、そこで働く一人ひとりの労働の問題、すなわち雇用や賃金、ハラスメント、ジェンダー差別などが軽んじられ、作品の質や仕事の意味とは切り離された些末な問題として扱われていたこと。労働問題や経済・政治のあり方に関心をもって転職した労働団体では逆に、文化的なものが「趣味」の話として矮小化されたり、先に触れた昨今の映画本よろしく「教養」という個人の文化資本の話としてのみ語られたりすること。

実際は緊密に結びついている文化と労働を(想像的に)切り離しているのは、個人ではなく、私たちの暮らす社会、共同体である。『戦う姫』第二章が「無縁な者たちの共同体」と題されているのは、その意味でも示唆的だ。家庭、学校、職場、地域、そして映画などのメディアとそこで語られる物語が再生産する想像の共同体。私がアルバイトをしていた東京郊外のレンタルビデオ屋も、ちっぽけで一時的な共同体だったかもしれない。

こうした問題意識を持ちながら、私は二〇一九年に『なぜオフィスでラブなのか』(堀之内出版)という本を出し、トークイベントで河野さんと再び話した。その年から雑誌『POSSE』誌上で河野さんと映画について話す連載を始めた。連載のキーワードは「社会」で、連載をまとめた本書のタイトルにも（少し重いかなと悩みつつ）同じ言葉を使っている。「社会」という言葉は文脈依存的で、それだけでは何を指しているのか曖昧になりやすい。私が河野さんと話したいと思っていた映画と社会の関係とは、個人と共同体、文化と労働についての以上のような文脈をもつものだった。

私たちの対話は断続的に四年以上続いた。その過程で得たのは、思いのほかシンプルな楽しさだった。観た映画の面白さやつまらなさを何とかして言語化して、信頼する相手に伝え、私の感想とは違う反応が返ってくること。一つの作品から受け取ったさまざまな側面について、表面的な筋書きを超えて話し合い、対話するなかでもう一度作品の形をなぞって作り直していくこと。

対話を通じて、話すテーマだけでなく、話すこと自体が共同体や社会的なものと触れる行為であるように感じた。本書を手にとってくれたあなたがこの対話から面白さやつまらなさを感じ、語られている内容とは別のことを考えて言葉を見つけ、信頼する誰かに伝えてくれたらとても嬉しい。その繰り返しによって映画と社会はつながりを取り戻し、豊かになっていくのではないか。

西口想

（目　次）

（対話1）ハラスメントがある世界で、いかに作品と向き合うか…023

（対話3）

社会を描くとはどういうことか——ケン・ローチ作品 …087

（対話6）

「当事者」が演じることについて——移民・難民と映画 … 189

（対話1）

ハラスメントがある世界で、いかに作品と向き合うか

セッション
Whiplash

監 デイミアン・チャゼル／106分／米／2014年

STORY 名門音楽大学に入学したアンドリュー・ニーマンはフレッチャー教授のバンドにスカウトされる。ここで成功すれば偉大な音楽家になれると意気込むが、待ち受けていたのは天才を生み出すことに取りつかれたフレッチャーによる狂気のレッスンだった。アンドリューの精神は少しずつ追い詰められてゆく。そして、恋人や家族との関係も投げ打ってフレッチャーが目指す極みへ到達しようともがくが……。

スタンドアップ
North Country

監 ニキ・カーロ／126分／米／2005年

STORY 夫の暴力に耐えかね、故郷の北ミネソタの町に戻って来たシングルマザーのジョージー。父や周囲の冷たい目線のなか、ふたりの子供を養うために町の男たちに混ざって鉱山で働くことに決める。しかし彼女を待っていたのは女性に対する敵意と、露骨な嫌がらせが続く毎日で、ジョージーは仲間を集めて立ち上がる。米国で初めてセクシュアル・ハラスメント訴訟で勝利を勝ち取った実話に基づく作品。

スキャンダル
Bombshell

監 ジェイ・ローチ／108分／米／2019年

STORY 二〇一六年、アメリカのニュース放送局で高視聴率を誇る「FOXニュース」に激震が走った。クビを言い渡されたベテランキャスターのグレッチェン・カールソンが、TV業界の帝王と崇められるCEOのロジャー・エイルズを告発したのだ。騒然とする局内では、看板番組を背負う売れっ子キャスターのメーガン・ケリーや、メインキャスターの座を狙う貪欲な若手のケイラなど、それぞれの思惑が錯綜する。

ミッドナイトスワン

監 内田英治／124分／日本／2020年

STORY 故郷を離れ、新宿のニューハーフショーのステージに立つトランスジェンダーの凪沙は、親戚の少女・一果を預かることになる。叔父と知らされていた一果は戸惑い、子供嫌いの凪沙も邪険に接するが、社会の片隅に追いやられてきた凪沙と、育児放棄によって孤独に生きてきた一果にはやがて交流が生まれてゆく。あるとき、一果にバレエの才能があることを知った凪紗は、一果のために生きることを考え始める。

二〇二〇年一〇月四日収録

西口 最初の対話は、「ハラスメントと映画」というテーマで始めたいと思います。近年、ハリウッドの #MeToo 運動をはじめ、日本の映画界も含めて世界中でハラスメントやさまざまな暴力の告発が起きています。以前より声をあげやすい環境になりつつある一方で、好きだった監督が加害者だった、実は現場にハラスメントがあった、などの状況で観客やファンとして複雑な心境に置かれた人も少なくないと思います。今回は、ハラスメントが傍にある社会で、作品といかに向き合うかを考えたいと思います。いろいろな角度から論じられると思いますが、まずはセクハラやパワハラを題材として取り上げた映画を観ていきましょうか。

もはやハラスメントの教科書?――『セッション』

河野 ハラスメントというテーマで外せないのは『**セッション**』(二〇一四年)ですよね。もうひどい映画(笑)。一言でいうと、ハラスメント体質の再生産の物語ですね。

主人公のアンドリュー（マイルズ・テラー）は将来「ハラサー」（ハラスメント加害者）になると思うのです。一般的な話として、ハラスメントをする人は、自分がハラスメントを受けても、それを否定せずに乗り越えて、自分のものに内面化してしまった人だと思います。そういう人がハラスメントを繰り返していく。ハラスメント体質の再生産は特に男性に多く、この映画はまさしくハラスメント体質の再生産を描いているようにしか私には見えませんでした。

西口　たしかに、主人公に全然感情移入ができない映画ですよね（笑）。ただ、僕は、アンドリューがフレッチャー教授（J・K・シモンズ）に完全に取り込まれたとも読みきれないと思います。フレッチャーがハラスメントの告発を受けて解雇されたあと、アンドリューと再会するジャズクラブの場面で、フレッチャーが語り草にしている「チャーリー・パーカーの伝説」が再び語られます。ある種の暴力的な緊張関係こそが真の芸術には必要だという指導理念がリフレインされる。しかし、それに対してアンドリューは言い返していました。あなたの指導は一線を超え、次のチャーリー・パーカーを挫折させたのではないか、と。

『セッション』を観て改めて実感するのは、権力が集中することがハラスメントの出発点にあるということです。この作品の前半は、フレッチャーがいかに学内で圧倒的な存在であるかを丁寧に描写することに費やされています。細かな所作や息遣いに至るまで、学生を心身両面から支配する手法は見事というほかない。アンドリューもそれに取り込まれていきますが、その過程は、恋人と別れるとか、学内に友達がいないとか、家族や親戚のなかで孤立していくというように描かれます。つまり、外部の視点から助言や介入をしてくれる相手が誰もいない状況に追い込まれるプロセスと、閉鎖空間で絶対的な権力者からのハラスメントがエスカレートしていくことが同時に展開する。

『セッション』デイミアン・チャゼル／2014年
フレッチャー教授があらわれると、なごやかだった教室に緊張が走る。

「ハラスメントを気にしていたらいい作品は生まれない」というメッセージ

河野 アンドリューがどうなるかはさておき、ハラスメントなんか気にしていたら、最高の芸術作品は生まれない、というハラスメント容認の論理が前面に出ていますよね。ラストのバンド・パフォーマンスとアンドリューのソロが印象的ですが、あのような素晴らしい、人を惹きつける芸術作品は、熾烈なハラスメント的な関係からしか生まれないのだというメッセージをこの映画は発していますよね。最後のセッションでのフレッチャーの表情……。

西口 恍惚とした表情ですよね。

河野 ああ、本当に気持ち悪いとしか言いようがない（僕自身、音楽の道を志していたことがあり、あの世界のハラスメント体質を痛感しているので、強い言葉をご容赦ください）。

まあ、たしかにアンドリューの言動からも、それをどう考えるかを観客に問うている映画としても見ることはできますね。『セッション』の制作は二〇一四年ですが、その後、ハラスメントは映画業界をはじめ世界を揺るがす問題に発展する時代を迎えます。#MeToo運動が世界的な動きとなった発端は二〇一七年で、ハリウッドの有名映画プロデューサー、ハーヴェイ・ワインスタインのセクハラ・性暴力に対する告発でした。『**ミッドナイト・イン・パリ**』（二〇一一年）などで有名な映画監督ウディ・アレンが一九八〇年代に当時七歳だった養女ディラン・ファローに性的虐待をしていたという「疑惑」も話題になっています。日本でも、二〇二〇年六月に映画配給会社「アップリンク」で社長によるパワハラを元従業員が実名で告発しているなど、深刻な問題であることがうかがえます［1］。

まさに映画業界で権力を握っている男性た

『セッション』デイミアン・チャゼル／2014年
パフォーマンスを終えて恍惚としたまなざしを交わす
フレッチャー（上）とアンドリュー（下）

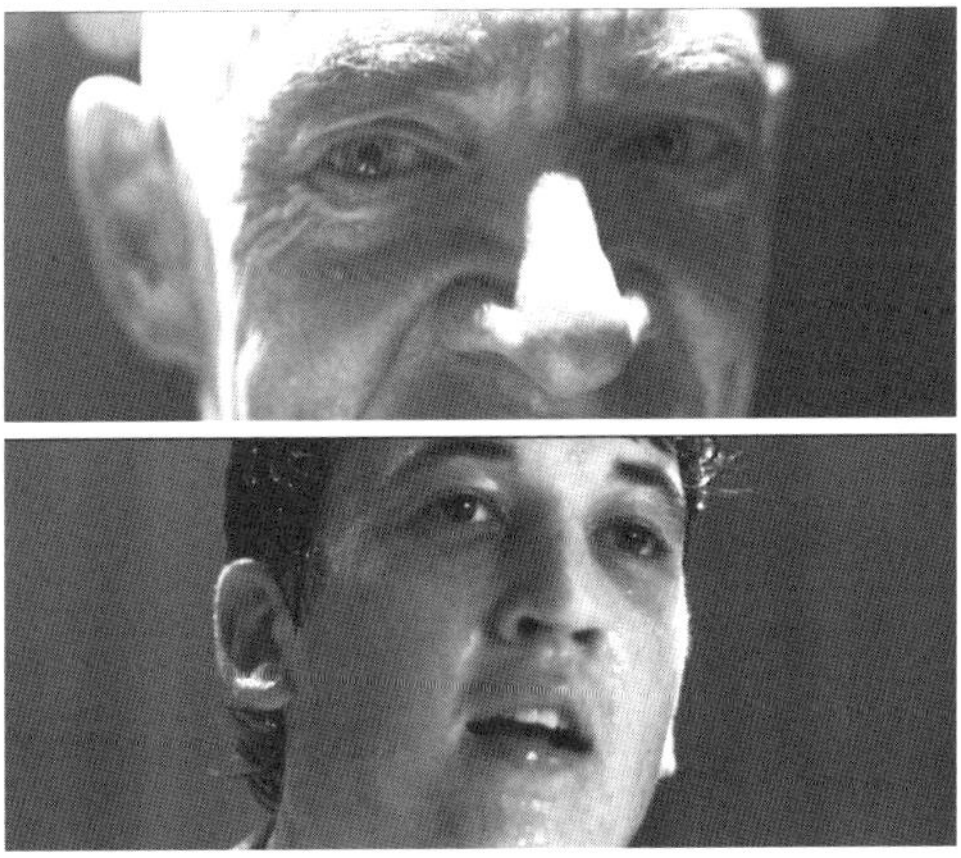

ちがハラスメントや性暴力をおこなっていたという事実が明らかになっていく。そうなると、『セッション』はそれをどう考えるかということを皮肉にも前もって示していたという評価は可能ですね。

西口　題材の先見性やハラスメント構造の正確な理解と描写も含めて、映画としてすごく良くできています。職場や学校でハラスメントについて学ぶのであれば、教材として『セッション』を観るのがいいのではないかと思うくらいです。

いま見ると気になる描写も多いフェミニズム映画
――二〇〇〇年代の代表作『スタンドアップ』

西口　少し時代を遡ってみましょう。#MeToo が世界的な運動となる前、二〇〇〇年代で代表的な作品の一つは『スタンドアップ』ですね。

河野　とても印象の強い作品でした。物語は、一九八八年に起きた全米初のセクハラ集団訴訟がもとになっています。特に印象的だったのは、主人公のジョージー（シャーリーズ・セロン）が立ち上がることを決意するシーンでした。物語では、アニタ・ヒル[2]が公聴会でセクハラ被害を証言している映像を観たジョージーがエンパワーされることが大きなきっかけとして描かれています。アニタ・ヒルの勇気ある告発が背中を押して、いわばそこに連帯が生じているのです。#MeToo的なセクハラへの抵抗と女性同士の連帯というテーマがすでに描かれています。

西口　『スタンドアップ』で僕が印象的だったのは、鉱山の労働組合の描き方です。組合の集会で、ジョージーの父親が、罵声を浴びせられる彼女の代わりにスピーチをする重要なシーンがあります。娘が鉱山の仕事に就くことに強く反対していた父親が

1　この対談収録の後、二〇二二年には映画界内部からはハラスメント撲滅のための複数のアクションが起こされた。四月一二日には山内マリコと柚木麻子を文責とする、「原作者として、映画業界の性暴力、性加害の撲滅を求めます」というステートメントが、四月一三日には是枝裕和らの「映画監督有志の会」が日本映画製作者連盟（映連）に対して提言書を提出した。

2　一九九一年、クラレンス・トーマス最高裁判事を承認するための議会公聴会で、元部下であるアニタ・ヒルが彼からのセクハラ被害について訴えた事件。アメリカ社会にセクハラ問題を認知させる画期となった。

娘を守る側に回ったという、それはそれで感動的なシーンです。しかし、ジョージー自身の言葉の力ではなく、古株の鉱山労働者である父親が「自分の娘が同じ目に遭ったらどうだ?」と語りかけることでマッチョな労働者たちが初めて耳を傾けるという展開には、史実に忠実なシーンなのかもしれませんが、物語上の問題があるように感じます。

河野 そうそう。**『ファクトリー・ウーマン』**(二〇一〇年、原題 *Made in Dagenham*)との比較で考えると面白いかもしれません。こちらの場合は主人公のリタ(サリー・ホーキンス)自身が労働組合の大会に乗り込んでいって、そこで感動的なスピーチをしてみんなを説得する。労働者として女性が権利を獲得していくときに、リタという才能のある個人が解決をもたらす。しかしその一方で、労働組合はあくまで役に立たないという構図が作られている。物語としては非常に感動的ですが、福祉国家や、それとセットになった労組に疑いの目を向ける新自由主義的な前提は破らずにいるところはあります。

西口　『スタンドアップ』は、『ファクトリー・ウーマン』とくらべると、女性は組合内だけでなく職場全体からも圧倒的に少数派で、仕事を失う可能性から声をあげられないという状況です。女性同士で最後の最後まで手を組めない一方で、男性の弁護士

『スタンドアップ』ニキ・カーロ／2005年
鉱山労働組合の集会で、娘からマイクを取り擁護のスピーチをするジョージーの父親（上・中）と、それに聞き入る組合員たち（下）

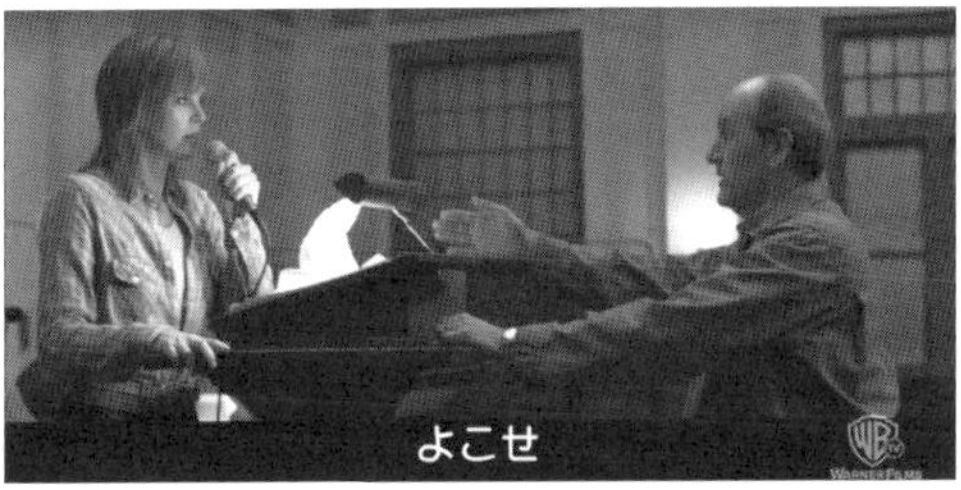

が主人公を支える重要な役割を果たしています。女性主人公が男性をサポート役につけることが契機になる物語といえるでしょう。

河野　あと問題があると感じたのは、ジョージーは事情により子供の実父がわからないのですが、それが一体誰なのかが裁判で会社側に争点にされていたということです。会社側の戦略としては、高校教師と彼女が不純な関係を持っていたと人格攻撃して、セクハラの訴え自体をなきものにしようとしていたのです。これはある意味むちゃくちゃですよね。全く関係ない問題じゃないですか。しかしこれについてのジョージーの「潔白」が証明され、その結果として連帯が生まれたというストーリーは、少しまずいなと思います。「潔白」でなくとも連帯しないと。

西口　加えて、ジョージーのハラスメントの加害者になっている男が、過去にジョージーがレイプされている現場を目撃していたのに逃げ出したということが裁判で明かされて、心証がひっくり返る。そこには「男なら逃げ出すな」というマッチョな価値観が共有されています。もちろん助けるべきなんだけれど、レイプの現場から逃げ出した過去が将来にわたってその人の人格的な価値を下げるのはどうなのか。細かなモヤモヤするところは結構ありますね。
二〇〇〇年代の映画ですので、いま作り直したらかなり違う作品になるのではないかと思います。

社会進出は進んだけれど……——女性たちのリアル

河野 時代はくだって、近年の #MeToo 映画で話題になったのは『スキャンダル』ですよね。一言でいえば、ポストフェミニズム〔3〕的な映画の典型だなと感じました。白人シス女性で、しかもメディア界のエリートたちのフェミニズムという意味では。

西口 『スタンドアップ』と同じシャーリーズ・セロン主演で、『スキャンダル』では超エリートの女性キャスター役ですね。映画のメイン画像に、たまたまエレベーターで主人公の三人が乗り合わせるシーンが使われていることが象徴的です。彼女たちはお互いにそれくらいの関係しか築けていません。

でもだからこそ、現代の観客に訴える部分もあるのかなと思います。幾重にも連帯ができない条件が折り重なった環境が、この社会のデフォルトであるということです。独裁者が君臨する大手メディア企業という、ある意味で特殊な状況を描く#MeToo映画ですが、サスペンスフルで、エンタメ映画として成立している。なおかつ、現代のセクハラの物語としても説得力があります。

河野　ある種のリアリズムがありますね。『スタンドアップ』などの連帯は感動的ではあるけれど、どこかファンタジック。それと『スキャンダル』は、かなり対照的ですね。ポストフェミニズム的に分断された女性たちにはそれぞれの利害がありながらも、結果としてそれらが一致していくという流れが映画のプロットのなかにある。そのようなリアリティがあるということでしょうか。

もはや抵抗のための労働組合さえないんですよね。男性中心だけれども労働者階

『スキャンダル』ジェイ・ローチ／2020年
エレベーターに偶然乗り合わせるニュースキャスターたち

級として団結している組合との関わりで、女性の闘いや連帯があるという構図さえなくなっていて、女性たちはそのときどきの偶然性によってネットワーク化するしかないという話ですね。

西口 ただ、現実の #MeToo 運動では、海外でも日本でも良心的な労働組合が果たしている役割は決して小さくありません。後で話題にしたいのですが、ウディ・アレン

3 ポストフェミニズムとは、おおよそ一九九〇年代以降、第二波フェミニズムの後に生じたものだとされる。それは、集団的な政治変革を目指した第二波フェミニズムの役割はすでに終わったと考え、同時代の新自由主義的な資本主義を背景として、労働市場において自己実現をできることこそがフェミニズムの目標であると考える。その一つの典型例はシェリル・サンドバーグのベストセラー、『リーン・イン』である。サンドバーグは、女性たちがリーダーになるのを諦めてしまうことを、最終的には社会的・構造的問題としてではなく、内面的な問題としてとらえる。個々の女性の内面に「内なる革命」が起きることが、サンドバーグの処方箋である。この「フェミニズム」は、九〇年代の「第三波」、二〇一〇年代の「第四波」とは概念的に別のカテゴリーだと考えるべきであるが、それらの波には部分的にポストフェミニズム的な性質があると考えられる。ポストフェミニズム論は英語圏では盛んに行われており、ほかに「ネオリベラル・フェミニズム」（キャサリン・ロッテンバーグ）、「企業フェミニズム」（ドーン・フォスター）、「ポピュラー・フェミニズム」（サラ・バネット＝ワイザー）といった呼称での議論が展開されている。

の息子、ローナン・ファローが、ハーヴェイ・ワインスタインのセクハラ事件を追う際に自分の所属メディアだったNBC上層部から圧力を受け、その後、NBCの報道部門では労働組合が結成されています。ハラスメント問題についても、経営陣の腐敗に対して組合的な団結の力は有効なのですが、物語がそれを描き切れていない側面はあると思います。

監督のハラスメントをどう考えるか？

河野 ハラスメント的な過程で生まれた作品をどのように考えればいいのかという問題にも関わりますね。欧米では、セクハラなどの告発を受けた監督の作品は公開が停止されたりクレジットから名前が削除されるなどの対応がとられています。

西口 ウディ・アレンの問題については、映画の制作現場で起きた話ではなく、監督の私生活での虐待疑惑である、という前提がありますよね。基本的に「ハラスメント」という概念は職場の権力構造を背景にした労働問題として考えられてきたので、その文脈からは外れます。

ただ少し複雑なのが、アーティストと作品と観客という社会関係のなかにハラスメント的な要素が影響することです。とりわけウディ・アレンの作品では、社会的な名声のある年上の男性と若い女性が関係を持つという構図が繰り返しモチーフになってきたので、被害者の告発と切り離してはもはや観客が作品を観られなくなってしまったということだと思います。

河野　さらにウディ・アレンという圧倒的なカリスマを持った映画監督だからこそ、被害者のディラン・ファローの訴えをなきものにしようとする圧力が社会的に出てくる。明らかにそこには映画監督としての権力性というものが出てきています。

被害者と加害者の訴えは「五分五分」ではない

西口　そうですね。映画の制作・公開過程の話ではないのに、労働問題としてのハラスメントと似た構図になっています。アーティストが薬物所持で捕まって出演作をどうするかという問題とはレベルが違います。
以前、この問題を議論した渋谷ＬＯＦＴ９でのトークイベントを配信で観ました［4］。映画ライターの村山章さんが主催されたイベントで、登壇者の方々が言っていたことで非常に共感したのは、「告発があったときに、まずは被害者側の声を真実だとして話を聞かなければならない」ということです。深田晃司監督は痴漢と痴漢冤罪の例を出して、加害者と被害者の訴えが「五分五分と考えていること自体が危うい」と指摘されていました。『スタンドアップ』でも、被害者がもともと人格的におかしいやつだと誹謗中傷されたように、かならず声をあげることを潰す動きが出るわけです。被害者の人格を貶めることによってその証言の真実性を奪うのは、加害者側の常套手段です。厳然とした権力構造が、権力を持つ側にその手段を与えています。

河野　一言で言えば、「作品が誰かの苦しみのうえに成り立っていいのか」という問いに行き着くのだと思います。ウディ・アレンの場合は、作品とディランの被害を、観客は切り離して考えることはもうできない。ワインスタインも同じです。誰かの苦しみのうえにできあがった作品。私がこの問題を判断する原則はシンプルで、どんな作品も人の苦しみを犠牲にしてつくられてはダメだということです。

西口　これまで、誰かの苦しみのうえにこそ優れた作品がつくられるのだという価値観が確固としてあったと思います。それこそ『セッション』のフレッチャー教授が体現している思想ですね。でもその芸術観や人間観は明らかに説得力を失いつつある。もちろん作り手の苦しみはどんな時代でもさまざまな形でありますが、それが観客にとって人権侵害だと感じられる苦しみであった場合、「傑作」だからいいということになるのかが問われています。これは、作品が作品だけでは完結しないがゆえの問題でもあり、観客や鑑賞者の「現在」が作品の受容や評価にとって非常に重要

4　「緊急ディスカッション！『ウディ・アレンは社会から抹殺されるべきか?』～映画と時代とハラスメントとの付き合い方を考える～」二〇二〇年七月一四日開催、ShortCuts、LOFT PROJECT主催（https://www.loft-prj.co.jp/schedule/loft9/149937）。登壇者は、浅見みなほ（映画ナタリー記者）、伊藤恵里奈（朝日新聞記者）、佐野亨（編集者・ライター）、猿渡由紀（L・A在住映画ジャーナリスト）、深田晃司（映画監督）、村山章（映画ライター、ShortCuts代表）、肩書きは当時。

だということです。

批判がないと、作品が死ぬ──過去の作品をどう評価するか？

河野 そうですね。ただこういう話をすると、「そういう政治的正しさに則っていたら何もつくれなくなるじゃん」と言われます。たとえば、日本のお笑いの型は、差別的な表現やいじめの構造を使ったものが多いですよね。それを批判すれば同じような反応が出てきます。

西口 「お笑い」って、観客にある潜在的な違和感を言語化するゲームとしての側面があると思います。お客さんが笑えなくなってきたら、その言語化に新鮮さが失われた、陳腐化したということであり、その時は笑いの構造自体を変えなければならないはずです。映画にも同じような力学があるのではないか。

日本ではダウンタウン、とんねるずが作ったお笑い文化が典型ですが、そこには本質的にいじめやミソジニー［5］の要素も入っていました。当時はあんなに面白かったのに、今は単なる弱い者いじめに見えたり心から笑えなかったりする。私たち観客に流れている時間と作品の時間との避けがたいギャップによるのですが、それを直視することは、僕も含めて、その世代の人たちにとって人格形成にかなり影響を及ぼした「文化」が否定され失われるのではないかという不安感を伴います。もしかしたらその不安が「アンチＰＣ（ポリティカル・コレクトネス〔6〕）」のベースにある感情なのかもしれません。

河野 しかしそれを根拠に作品を排除して人目につかないところに追いやってしまうのは、

---

5 「ミソジニー misogyny」は一般に「女性嫌悪」「女性蔑視」と訳されるが、この概念を分析したケイト・マン『ひれふせ、女たち――ミソジニーの論理』（小川芳範 訳、慶應義塾大学出版会、二〇一九年）では、こうした辞書的な定義は「素朴理解」であり、「家父長制秩序の内側で、女性の隷属を監視し、施行し、男性優位を支えるために働くシステム」という政治的現象としての側面を見逃してしまうと批判されている。社会学者の江原由美子は、ミソジニーを「女性一般への嫌悪感情」として理解するのではなく、「家父長制的秩序（ジェンダー秩序）を「わきまえない」女性に振るわれるムチ」として理解すべきだと述べている（朝日新聞デジタル「ミソジニー＝女嫌い、ではないのです 江原由美子さん」二〇二一年八月一九日、https://digital.asahi.com/articles/ASP8L6JFKP7JUPQJ011.html）

6 特定の表現について、差別的な意味合いが含まれないよう、適切な用語や所作を推奨する態度のこと。

私は反対です。

　というのも、それは、現在の政治的公正（ＰＣ）の基準が絶対的に正しいものであって、それを基準に過去の作品は断罪できるという論理に基づいているわけですが、その論理は実は、未来から見れば色々と正しくない価値観にまみれたものに見えうる現在を、免罪してしまうからです。かといって、過去の作品が相対化されて、「あの時代だからしようがない」と免罪されるという意味ではなく、それはちゃんと批判し続けなくちゃいけない。

　つまり、必要なのは断罪ではなくて批評なり批判だと思うのです。そこから、我々がこれからどのような作品を作っていくかを考えなければ、文化が育っていかないですよね。

西口　批判がないと、逆に作品が死ぬ。その当時の人々が受けた感動や影響を否定することでは全然なく、むしろその受容の過程も含めて、作品を現代の文脈に位置づけるとどうなるかという、作品を生かす方向での批評が必要とされますね。
　あと、河野さんがおっしゃった、現在の政治的正しさが歴史を超えて正しいものであるというスタンスが作品そのものを排除するという指摘は、とても腑に落ちる説明だと思いました。科学も反証可能性に開かれていることを重視するのと同じく、現時点の作品とそれに対する批評も、当然に歴史的なものであると肝に銘じておきたいです。

トランスジェンダー表象の変遷と発展
——『トランスジェンダーとハリウッド』

河野 価値観が時代とともに変化し、過去の作品を批判的に乗り越えながら新しい表象が登場するという動きが現在とりわけ顕著な分野が、トランスジェンダーの表象だと思います。最後にそこを見ていきましょう。

アメリカのトランス表象は日本よりもはるか先にいっています。Netflixで配信されているドキュメンタリー『**トランスジェンダーとハリウッド——過去、現在、そして**』（二〇二〇年、原題 *Disclosure: Trans Lives on Screen*）は、トランスがハリウッド映画作品のなかでどのように表象されてきたかを追った作品です。

西口　この作品は二〇二〇年時点の映画批評・映画史としても非常に興味深いドキュメンタリーでした。

河野　それによると、初期はフォビア的な表象が多くを占めていました。トランスがサイコなシリアルキラーとして登場する『**サイコ**』（一九六〇年）や『**羊たちの沈黙**』（一九九一年）があります。その次の段階として、トランスが死などの悲劇的な結末を迎える物語です。彼ら／彼女らを親身に描きつつも、結局はレイプや性転換手術の失敗などで悲劇的な結末を迎えてしまうパターンです。『**ボーイズ・ドント・クライ**』（一九九九年）などですね。この段階では、トランスの苦しみに「寄り添う」ふりをしながら、彼女ら／彼らにハッピーな未来は用意されない。『トランスジェンダーとハリウッド』はハリウッド映画のそのような系譜をたどりトランスジェンダー表象の問題を明らかにしています。

かつて批判されたパターンを踏襲する日本のトランス表象
――『ミッドナイトスワン』

河野　翻って日本では、トランスジェンダーの登場する作品として話題になった『**ミッドナイトスワン**』（二〇二〇年）がありますね。端的に言えば、一見すると親身に寄り添った表象をしているようで、実は草彅剛演じる主人公は悲劇的で憐むためだけにキャラクターが設定されているという、ハリウッドではだいぶ前に批判されたパターンを見事に再現している作品ですね。具体的にみていくと、主人公の凪沙《なぎさ》には、同居する少女・一果《いちか》（服部樹咲）との共同生活のなかで母性的な感情が湧いてきます。ところが紆余曲折があって一果の実母が現れ、そこで凪沙は「たとえ虐待母であろうとも本当の母親には勝てない」ということを痛感する。そのため、「本当の女」になるために性転換手術をするのですが、それが失敗し最終的には死ぬ。

まず、このストーリーに込められているのは、トランスジェンダーはやっぱり「本物ではない」というメッセージです。一果は話が進むにつれてバレエの技能が向上し、どんどん美しく「女らしく」なっていきます。それが強調されればされるほど、対照的に凪沙は、それには到達できないことを痛感していく。この構図は、本当に暴力的だなと思いました。

西口　物語全体を通じては、トランスジェンダーを感動ポルノ的に消費する構造になっていると僕も感じました。トランスという固有の身体性について主人公の凪沙に主体性を取り戻させないまま、シスヘテロの血縁家族から排除される姿をドラマの主軸にしています。それはたとえば、手術後の凪沙の生身がはじめて現れる重要な場面が、広島に帰った一果とその実母の前で、母の彼氏らしき他人からの暴力で不自然に服を破られ、胸がはだけるシーンであることにも表れています。

　主体性が奪われているのは、凪沙の労働／活動描写によるところも大きいですよね。一果の開花していくバレエの才能と対照させるために、仕事で踊っている凪沙の身体はあまりに貶められていて、無理やり就職した倉庫作業の描写も粗雑です。そこに透けて見える物語の都合を考えると、ストーリーも問題ですが、やはりマイノリティ役を非当事者が演じるという問題の根深さに気づきます。草彅剛さんのトランス役は一概に否定されるべきものではないと思いますが、その演技が物

『ミッドナイトスワン』内田英治／2020年
対照的に描かれる一果（左）と凪沙（右）

語とどのような関係を結ぶかが問われてくると思います。

先に触れたイベントで映画ジャーナリストの猿渡由紀さんが「逆がないでしょう」とおっしゃっていました。シスがトランスを演じることがあっても、トランスがシスを演じることは基本的にない。その非対称性がある以上、いまトランスの役がある場合には、可能な限りトランスジェンダーの当事者が演じるべきだということです。

河野 それはブラックフェイスの問題と通じることですよね。かつては、黒人役があれば白人俳優が顔を黒く塗って出ていましたが、いま考えればとんでもない差別的な表象です。それと同じことをいまやっているかもしれないという視点は重要です。この映画もあと二〇年も経ったら、一般の目にも非常に差別的なものに見える可能性は高いです。

ただ、先ほど述べたように、じゃあこの作品を排除すべきかというとそこは留保を加えたい。長い時間をかけて文化が変わるプロセスの一段階として見て、批判すればいい。それこそ「オカマ」なんて言葉があった時代に比べれば、当事者に寄り添わなければいけないという意識が皆無なわけではない。もちろん、結果はまったく肯定できないと思うのですが、全否定するのではなく、批判しながら、ここまではやっているけど、それでもダメなんですよ、ということをちゃんと言っていくことが必要ですね。

「クリーン」な現場で生まれる作品はつまらない？

河野 今回のテーマのハラスメント問題からは遠く離れてしまったように聞こえるかもしれませんが、人の苦しみと作品の関係という点でハラスメントもトランスの問題も共通している部分があります。

西口 先日、前職の映像制作会社の先輩たちと話す機会があったのですが、社内では設立以来常態化していたハラスメントや長時間労働を告発・問題視する声が大きくなっているそうです。会社としても対応せざるをえないが、そのことがつくる作品の質に良い影響を与えるように思えない、というのが男性の先輩たちの本音であるようでした。
　さきほど言及したウディ・アレン問題のイベントでも「現場をクリーンにすることと作品をポリティカリーコレクトにすることとの関係は？」という質問が出ていましたが、こうした問題設定にはある前提が共有されていると感じます。つまり、作品づくりの現場では「クリーン」を目指そうとすればするほど作品をつまらなくする恐れがある、というものです。とりわけ文化・芸術分野では、作品の内容のみならず、制作現場にまで猥雑さや暴力がむき出しになったダーティさに価値を見る向きがあり、そうした制作者や作品を一つのモデルにしているからこそ、「クリーン」という表現が使われるのかなと。

河野　「クリーン」ではないものからこそ豊かな芸術が生まれるという例の論理ですよね。しかし、批判する側はべつにクリーンにすること自体を目的としているわけではありません。被害は確かに存在し、それをなくしたいだけです。そこに何か食い違いがある。今日議論したように、誰かの苦しみのうえに成り立っている作品なのか、そして、鑑賞する側が苦しみを感じる可能性がないかが重要なのです。そのあたりの誤解を解かないと、話が前に全然進まないですよね。

西口　「クリーン」という言葉に表れている認識のズレは、ジェンダーや雇用形態の格差などによる「見えている世界の違い」と表裏の関係にあるように感じます。「表現の自由」問題などでフェミ叩きが行われるときの論法にも、同じ問題がありますよね。

河野　いわゆる「萌え画」がパブリックな広告に使われていることを批判されたときに、「性的な対象として描かれているわけではない」とか「そんなものを気にしていたら、じゃあ何を描けばいいのか」という反応が寄せられますね。

しかし、そこで描かれたキャラクター自体が汚れたものだから排除すべきという話ではなく、それを見た人のなかに苦しみを感じる人がいるのであれば、それが、公共の場の表現として適切なものなのかを考える必要があるでしょうと言っているだけです。そのキャラクター自体を本質的に批判しているのではないのですが、大きなすれ違いが発生しています。そこをどのように克服していくのかは、批評をする者の大きな課題ですね。

ミーガン・トゥーイーの悪夢

西口想

SHE SAID／シー・セッド その名を暴け
She Said
監 マリア・シュラーダー／121分／米／2022年
STORY NYタイムズ紙の調査報道記者のミーガンとジョディは、ハリウッドの大物映画プロデューサー、ハーヴェイ・ワインスタインの数十年におよぶ権力を行使した性的暴行の噂を聞き、調査へと乗り出す。しかし、取材を進めるなかで、ワインスタインは過去に何度も記事をもみ消してきたことが判明する。さらに被害に遭った女性たちは示談に応じており、証言すれば訴えられるため、声をあげられないままでいた。問題の本質は業界の隠蔽構造だと知った記者たちは、調査を妨害されながらも信念を曲げず、証言を決意した勇気ある女性たちとともに突き進む。

ハリウッドの大物プロデューサー、ハーヴェイ・ワインスタインによる性加害とその口止め工作を告発する記事は、二〇一七年一〇月五日にNYタイムズ紙で報道され、世界的な「#MeToo」運動の火付け役となった。映画『**SHE SAID／シー・セッド その名を暴け**』は、この調査報道を担ったジョディ・カンターとミーガン・トゥーイーによる同名ルポルタージュを原作とする。ピュリッツァー賞を受賞した原作の *She Said:*

Breaking the Sexual Harassment Story That Helped Ignite a Movement（二〇一九年、邦訳『その名を暴け――#MeTooに火をつけたジャーナリストたちの闘い』古屋美登里 訳、新潮社、二〇二〇年）は、調査・取材の過程を詳細かつダイナミックに記した貴重な歴史的記録だ。公開可能な証拠と文書を手に入れることへの執念、ジョディとミーガンを支える編集者や法務担当などのプロフェッショナリズム、NYタイムズ社内での絶え間ない議論、加害者を守ろうとする勢力の姿などを克明に伝えている。

ともするとその映画化作品は、巨悪の正体に迫る調査報道映画の系譜――古くは『**大統領の陰謀**』（一九七六年）、近年では『**スポットライト 世紀のスクープ**』（二〇一五年）など――に位置づけられそうだ。たしかに、ふたりの勇敢な記者の視点から多くが語られる物語だが、この問題の現場は大統領府でも教会でもなく、ほかならぬ映画産業である。『シー・セッド』は、映画の作り手による性加害と被害について、さまざまな形で当事者であるスタッフとキャストが映画を作り、観客が観ることで、問い直している。本作が他の調査報道ものや #MeToo 映画と一線を画すのは、この「物語るもの」と「物語られるもの」との距離、二重性にある［1］。

『シー・セッド』の自己言及的な作品構造と周到で抑制された語りのスタイルは、この映画のメッセージを説得的に伝えている。それは序盤でパトリシア・クラークソン演じる編集局次長レベッカ・コーベットが言う、この映画が「セクハラが起きるすべての職場と黙認する人々の話」であり、糾弾すべきは特定の性加害者にとどまらず、彼らを守る社会全体の「システム」だというメッセージだ。観客である私たちもその「システム」の一部である。

告発されたハーヴェイ・ワインスタインの手掛けた作品を、世界中の映画ファンが観てきた。NYクイーンズ出身のワインスタインは、大学在学中の一九七九年に実弟とプロダクション「ミラマックス」を設立し、一九八〇年代終わり頃からスティーヴン・ソダーバーグ（『セックスと嘘とビデオテープ』）、ピーター・グリーナウェイ（『コックと泥棒、その妻と愛人』）、ペドロ・アルモドバル（『アタメ』）など芸術性の高い映画監督の作品（Art Film）の配給を成功させた。九〇年代中盤には、クエンティン・タランティーノ監督『パルプ・フィクション』、アンソニー・ミンゲラ監督『イングリッシュ・ペイシェント』、ガス・ヴァン・サント監督『グッド・ウィル・ハンティング／旅立ち』などを製作・配給し、ハリウッドにおけるインディーズ映画の黄金時代を築いた。二〇〇〇年代以降の『ロード・オブ・ザ・リング』シリーズも彼のプロデュース作である。

私たちを魅了し、人生を変えるほどの影響を与えた映画たちが、「誰かの苦しみのうえに成り立った作品」だとしたら。私たちが賞賛してきた作り手が、ずっと誰かの尊厳と人生を踏みにじり、次のスターや作り手たちを潰してきたとしたら。

この映画の登場人物は、映画のなかで与えられた役と映画業界で生きてきた生身の俳優としての身体の両方を使って問いかける。そのことで、ただの一観客である私たちも、スクリーンの外で日々向き合っている現実の痛みと苦しみを喚起される。

映画の後半、核心に近づいてきたジョディとミーガンが路上で「彼の悪夢を見るようになった」という会話をする。ミーガンの悪夢では、記事が出ても人びとが無関心なままで、悪行が続けられる。実際、ドナルド・トランプの性加害を報じたあと、トランプはアメリカ合衆国大統領に当選し、記者のミーガン自身にも声をあげた被害者にも脅迫と嫌がらせが殺到した。今回もそうなるのではないか。「もし、同じトラウマが私だけではなく、会って話した女性たちにもあり、暗闇や絶え間ない暴力に耐えているなら、それが女性を襲う鬱の一部かもしれない」と彼女は言う。

#MeToo ムーブメントがこの社会にもたらした影響は大きいが、声をあげられた人はごく一部にすぎない。日本でも、いまだ口を塞がれたまま、人知れず涙を流し、なんとか人生の側に踏みとどまっている多くの被害者がいる。ミーガンの悪夢を現実化させないためには、観客やファン一人ひとりに業界や社会のあり方についての想像力が求められるし、現実に、ステージやスクリーンの外で起きていることへの想像力なしに、作品やスターの存在を「純粋に」消費することも難しくなっている。

1　本作の台詞でも言及されるが、同時期にハーヴェイ・ワインスタインの問題を報道したローナン・ファローの *Catch and Kill: Lies, Spies and a Conspiracy to Protect Predators*（二〇一九年、邦訳『キャッチ・アンド・キル』文藝春秋、二〇二二年）とそのドキュメンタリー作品『キャッチ&キル #MeToo 告発の記録』（二〇二一年）は、『シー・セッド』と同じ問題を追い、取材対象も共通しながら、調査報道映画の直系としての視点とスタイルをもつ対照的な作品といえる。

（対話2）

「シャカイ」を描くセカイ系
——新海誠作品を読み解く

天気の子

監 新海 誠／114分／日本／2019年

STORY 離島から家出し、東京にやってきた高校生の帆高。しかし生活はすぐに困窮し、孤独な日々の果てにようやく見つけた仕事は、怪しげなオカルト雑誌のライター業だった。連日雨が降り続けるなか、雑踏ひしめく都会の片隅で帆高は、弟とふたりで明るくたくましく暮らす少女・陽菜に出会う。彼女には、祈ることで天気を晴れにする能力があった――。

二〇一九年九月五日収録

新海作品で描かれる感性的なもの

河野　今回は、新海誠の最新作『**天気の子**』（二〇一九年）をはじめ（対談収録後、二〇二二年に『すずめの戸締まり』が公開）、新海誠作品に何が描かれてきたのかを考え、そのなかにあらわれる社会性に注目したいと思います。西口さんはご覧になっていかがでしたか。

西口　やはり、絵はいいけれど物語は微妙だなと思いましたね。過去の作品も見直してみたのですが、新海誠は、作品のキャラクターにあまり興味がないのではないかという印象を持っています。絵の厳密さと比べて物語の厳密さを欠く。また、見たことのないものが画面上に出てきてびっくりするという経験が基本的にはない。新宿の街や雨などの情景描写もどこか既視感がある。それは新海アニメの特徴なのかもしれません。

河野　たぶん裏返すと、そこに良さがあって、彼の描く風景にみんなが感じているのは一種の「つねにすでにあるノスタルジア」ですよね。本当に見たことがなくても、懐かしいと思わせるような風景を描くことに長けていて、そこがやっぱり好きな人は好きなのだと思います。

西口　高校生やサラリーマンなどが行き交っている、ちょっと夕日が残っているような駅の描写とかは、めっちゃくちゃ「エモい」。

河野　いまの「映《ば》え」文化にすごく親和的ですよね。「映《ば》える」写真は、みんなが共有しているコードをどれだけ綺麗に――そして少々彩度過剰に――写真に込めるかが重視されています。

　絵が綺麗という点は、表層の問題ではなく、彼の作品の原理になっていますね。もともとは物語よりも、綺麗な映像によって再現される感性的なものの共有を新海監督は重視してきたと思います。

キャラクターの背景を描かない

西口　あと、キャラクターの背景を描かないところも気になりました。家族の事情を描かないのは、わざとそうしているのでしょうか。そのあたりが物語に対する独特な構えだと思います。帆高の顔に傷があって、家庭内暴力的なものをほのめかしながら、そこを語り落とす。

河野　奇妙な感じ。

西口　そう、ある意味奇妙ですよ。観客がそのキャラクターを理解できないではないですか。でも、たしかに過去の作品でも基本的に家庭環境はそんなには描いていません。

ハリウッド流の脚本論では、その人の行動の動機やミッションを描くことがキャラクターを描く基本だと説かれています。そうしたナラティブに私たちも慣れていますが、その面で新海作品は非常に曖昧な語りになりがちです。

河野 ギリギリのところでちゃんとピントを合わせきらないみたいなところがあって、それでやり過ごしてしまう。しかし、プロットはなぜか前に進む。

西口 本当はキャラクターが物語を動かすということに興味がないのかな、という印象が拭えないのはそのせいです。でも、あえてそうしているという気もします。キャラクター語りを精緻にしていくと新海作品ではなくなってしまうのではないか。

「大丈夫」というメッセージの変質

西口 また、『天気の子』でキーになっている「大丈夫」という言葉。あれをクライマックスに使ったために、気候危機をモチーフにした作品として倫理的にどうなんだ、という問題を生んでいますね。しかし過去の作品を見返すと、ほとんどの作品で「大丈夫」という言葉が出てきます。

河野　**『ほしのこえ』**（二〇〇二年）や**『秒速5センチメートル』**（二〇〇七年）でも出てきますよね。

西口　「大丈夫」は新海誠という作家のキーワードというか、ある時期までは使うことを決めていた言葉だと思います。『秒速』の第一話では、別れ際にヒロインの明里《あかり》から「貴樹くんはきっとこの先も大丈夫だと思う、絶対」と言われます。その後、種子島に引っ越してからを描く第二話では、高校からの帰りに寄ったコンビニで、LINDBERGの曲「君のいちばんに…」のワンフレーズとして「大丈夫、大丈夫だよ」という言葉がリフレインされます。

『君の名は。』（二〇一六年）を転換点として新海作品の構造が大きくなっていくにつれて、「大丈夫」というキーワードの意味合いが変わってしまったのではないでしょうか。新海監督はその作家性として大きな物語を描きたい人ではないと思うのです。しかし、東宝の川村元気プロデューサーなどのヒットメーカーと組んで大作を手がけるようになって以降、ミニマムすぎると売れないので物語を大きくした。そのために、使い続けてきた「大丈夫」というメッセージの意味が変わってきているという印象を持ちました。

河野　そこから無理やり大きな物語をつくろうとすると、おかしなことになりえる。『君の名は。』が転機だとおっしゃいましたけど、もう一つの最初の転機は『**星を追う子ども**』（二〇一一年）だと思います。『ほしのこえ』、『**雲のむこう、約束の場所**』（二〇〇四年）、『秒速』ときてこれらは多かれ少なかれミニマムな物語ですよね。そこに過剰な美しさが盛られていくというパターンだと思うのですが、『星を追う子ども』では、ファンタジー要素を盛り込んで、その前とは違う物語をつくろうとしたのです。しかしこの作品は成功作とは言えなかった。その後は『**言の葉の庭**』（二〇一三年）で戻るのですよね。あの作品は、「いじめ」問題など一種の社会的な要素も入れようとしたのかもしれないのですが、そうしながら、どこか『星を追う子ども』の前にやっていたようなことをもう一度やった。

そして『君の名は。』『天気の子』では、製作委員会方式で新海誠個人だとできないようなものを取り込んでつくっていくことを始めたのだと思います。そこにそれまでの作品にあった感性的なものが通奏低音として残っていて、『君の名は。』『天気の子』ではかなり違う社会的・政治的意味を持ってしまっている。さらに危険なのは、『君の名は。』『天気の子』にはふわっとした神道スピリチュアリズム的なものが導入されてくるという点です。

西口 それまではなかったですよね。廃墟ビルの屋上にある鳥居など、不思議さと懐かしさが混じりあったスピリチュアルな装置が、物語をジャンプさせる道具として使われ始めた気がします。

河野 そうですね。物語やキャラクターよりも感性的なものを重視する新海的な原理と、大きなストーリー展開の二つは本来、うまく接続できないものです。この亀裂を埋めるためにスピリチュアリズムが入ってくる。『君の名は。』もそうで、説明不可能な空間がないと物語は成立しない。その物語の不可能性の穴を埋めてしまうものとして神道的なもの

『天気の子』新海誠／2019年
解体前の雑居ビルの屋上にある鳥居をくぐる帆高

が出てきてしまう。

さらに、気候変動とかエコロジーに対しては非常に考えが浅いと言わざるを得ません。プラスとマイナスで環境が出来上がっている。何かをマイナスにしたらこっちにプラスが出るという。そういうものではなく、エコロジーというものは複雑系なのです。

西口 たしかに出力と入力の関係が非常にシンプルな感じがします。自然への畏怖は、本当はないのかもしれない。

バニラトラックを描くことが、社会を描くことなのか

河野 震災や、今回だと気候変動、そして貧困問題など社会的なものが入ってきているのは、「セカイ系」[1]を超えようという意思のあらわれだと思いました。しかし、それを決定的なところでは超えられていない。社会的なものを導入したからといって『君の名は。』以降も、基本的に新海誠作品はセカイ系から逸脱していないと思

います。

現代ビジネスで配信された私の映画評［2］では、セカイ系は、サッチャー以降の新自由主義的イデオロギーという大きな背景をもっているということを指摘しつつ、『天気の子』もいまだ基本的にセカイ系であるということを書きました。

新海誠的なセカイ系の典型的な作品は、『ほしのこえ』です。セカイ系というのは通常、「きみとぼく」の異性愛的つながりを基本とするものです。ですが私見では、ここでは異性愛的なつながりではなく、何光年もの距離を超えて、感性的なもの——傘に当たる雨の音、黒板消しの匂い、など——が共有される奇跡のほうが重視されていて、新海誠的なセカイ系というのは、実はそこが本質なのではないかと考えています。

1　「主人公と恋愛相手の小さく感情的な人間関係（「きみとぼく」）を、社会や国家のような中間項の描写を挟むことなく、「世界の危機」「この世の終わり」といった大きな存在論的問題に直結させる想像力」（東浩紀『ゲーム的リアリズムの誕生』講談社、二〇〇七年、九六頁）

2　河野真太郎「『天気の子』主人公が「村上春樹訳のサリンジャー」を読んでいる理由——「ライ麦畑のキャッチャー」と帆高の差」現代ビジネス、二〇一九年八月一七日公開 https://gendai.ismedia.jp/articles/-/66548

ただ、やはりこれは危険ですよ。感性的なものだけを共有して、それで情念が盛り上がり物語が解決に向かうのは。悟性的なものがない。ただ、日本のアニメが主人公たちの人生を表象するにあたって、社会的なものをにわかには想像できないというのは、アニメ作品のせいではなく日本社会における想像力のあり方のせいなので、相変わらずセカイ系であるのはある意味で誠実なあり方とも言えます。そういう意味では、むしろ残念なのは、社会的なアイテムを放り込むことでそれを超えられるように思っている節があることです。

西口　「現代ビジネス」に出た河野さんの『天気の子』評が、ネット上の一部の人によって、「シャカイ系［3］であればいい」と河野さんが主張しているかのように誤読されて批判されていましたが、噛み合っていないなと思っていました。河野さんは別に新海作品にシャカイ系になれ、といっているわけではないですよね。

河野　シャカイ系とは、単にリアリズム的に社会を描いていてすばらしい作品ということではないのです。むしろ、新自由主義下における物語形式として、セカイ系を補完してそれと対となるような物語の類型であり、両者ともに新自由主義的なものの内側でしかないということです。たとえば「格差」や「貧困」といったモチーフを飲み込みやすい形で放りこむ、といったパターンですね。

西口 一観客として、アニメ作品に「社会的なテーマをしっかり扱え」とか「環境問題に対して倫理観を示せ」だとかは僕は別に思っていないです。ただ、たとえば「バニラ」のトラックを単に情景として登場させることで、現代社会を象徴する何かを描いたかのような感じを出すのは違うんじゃないか、という気がしました。

3　社会を、主人公の個人が打ち倒す悪として表象する物語類型。ここでの社会は、反官僚的な新自由主義的個人が最大限に活躍する環境としてのシャカイ。代表的な作品は、「踊る大捜査線」「ドクターX――外科医・大門未知子」など（河野真太郎『戦う姫、働く少女』堀之内出版、二〇一七年／増補版、ちくま文庫、二〇二三年）。

『天気の子』新海誠／2019年
新宿歌舞伎町の情景として描かれる
性風俗求人サイト「バニラ」の広告宣伝車

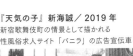

河野　新海監督は、やはり中途半端に社会的なアイテムを作品に入れるのではなくて、それこそセカイ系的な「きみとぼく」関係をもっと追求するべきではないかなと思うのですよね。中途半端なことはするな！　と思うところはありました。

新海監督だけではなくて最近のアニメーションの傾向にそのようなものが強くあるような気がしています。細田守監督作品などでも、社会的なものを意地でも入れなければならないというプレッシャーがあり、それを新海監督も妙に抱いてしまっているのかなという感じがします。

西口　僕がアニメーションに求めているのは、アニメーションでしか表現できない人・物の動きや情景です。極端に言えば、それだけあれば良いと思っているので、「もっと政治的に正しくあれ」みたいなことではまったくない。逆に、「タイムリーな題材で大衆に訴えるためには社会的なものを取り込まなければいけない」という制作側の意識と、そのナラティブの力量との間にギャップがあるように感じています。

村上春樹の男性性と帆高

西口 河野さんの現代ビジネスの映画評で興味深かったのは、村上春樹の短編小説「四月のある晴れた朝に一〇〇パーセントの女の子に出会うことについて」を『天気の子』の元ネタの作品として挙げていることです。

河野 そうですね。村上春樹の小説に登場する語り手の男性性と、新海作品における男性性は、共有するものがかなり多いかもしれないという仮説を持っています。ごく簡単に言うと、マッチョでは決してなくて、消費社会化やポストフォーディズム[4]に対応するような新たな男性主体を編もうとしているのではないかということを考えてみたかった。ところが、それがミソジニーから脱しているかというと全然そんなことはないですよね。そういう優しい男性性をつくりだしながら、最終的には広い意味では男性の優越性を確保するという戦略がある。

西口 新海監督も村上春樹の影響を受けているということは言っていますね。それが具体的にどこなのかと考えると、河野さんが指摘する男性性のあり方は「たしかに」と思いました。

河野 これは単に女性に優しいとかだけではなくて、消費社会的なものにきちんと対応できている男性性です。村上春樹的な男性はまさに消費社会で消費していく男性ですよね。

一方、帆高は、村上作品の男性のように洗練された消費のできる主体ではなく、単純にお金がないからということもあり、カップラーメンを二分で作って食べるなどのような消費をしてしまっている。村上春樹の主人公にはなりきれない帆高くん、みたいな部分というのはあるのかなという気はします。

ミソジニーを脱却できない「男の成長物語」

河野 ただ結局は村上春樹にせよ、新海誠にせよ、ミソジニー的な構造は脱していないように見えます。欲望の描かれ方や動き方が、基本的に男性中心になっているところからは決して逃れられていないですよね。

西口　村上春樹的な男性性を考えるうえで、「一〇〇パーセントの女の子」と「成長に対する態度」という二点がポイントなのかなと思います。小説のタイトルになっている前者は、男性目線のロマンティック・ラブで、「運命の人」（the one）そのものですね。その物語では時間の経過が重要で、一度決定的な形で出会った二人が、それが特別な出来事だったがゆえに再び会えない、会ってはいけない時間が長く経過す

4　フォーディズム／ポストフォーディズムは、生産体制とそれを基礎にする社会のあり方の名称である。フォーディズムは、規格化された大量の自動車をベルトコンベアーの上で生産するフォード式生産様式のことであり、大量生産・大量消費に基づく福祉国家（福祉資本主義）時代の生産様式である。そこでの労働の典型は非コミュニケーション的な単純労働、労働組合に守られたフルタイムの終身雇用である。ポストフォーディズムは一九七〇〜八〇年代に生じた新自由主義的な資本主義における生産体制である。第二次産業的な物質的生産よりも、第三次産業的な知識・情報産業、サービス・感情労働に力点が移る。そこでの労働はコミュニケーション中心であり、雇用は流動化して非正規雇用が支配的になっていく。ポストフォーディズム下での男性性の行方については河野真太郎『新しい声を聞くぼくたち』（講談社、二〇二二年）を参照。

るけど、それでも二人が再会したときにまだ「運命」でありうるのか、という構造です。陽菜が「一〇〇パーセントの晴れ女」と呼ばれるのもオマージュになっています。

「成長」については、村上春樹的な男性性はアメリカのロスジェネ文学から直接的な影響を受けていて、両義的な態度をとります。「大人になれ」「男になれ」という大人／体制側からのマッチョな命令は拒否しますが、自分が「成長」していくこと、もう子どもではない、モラトリアムではないという感覚は非常に大事にします。

そして、これら二つを結びつける存在としてヒロインが位置づけられています。運命の人と決定的に出会い、時間を経過させて出会い直すことで、主人公が自発的に成長できるプロットになっている。意地悪な見方をすれば、村上春樹的な男性主人公は自分の成長のために女性を「使っている」。

河野 まさに、「セカイ系のロスジェネの、村上春樹的な起源」というわけですね。ただ、新海誠は、また違った新たな時代における男性性を定義し直そうともがいていると は言えるので、私たちが共有する問題として何かしらの形でちゃんと見なければばいけないとは思います。セカイ系の基本的な図式では、圧倒的な戦闘能力を持っているのは女子であって、男子は脇で見守る役しか与えられない。それはポストフェミニズムなどとも言われる、非常に現代的な構図です。そうなってきたら男性はどうするか、ということですよね。

西口 その問いに対する最もシンプルで多用されている解決方法が、「強いヒロインが人柱になる」ですね。

河野 『天気の子』では、陽菜は天気を変えるという圧倒的な力を持った、「戦う姫」キャラクターの変奏ですよね。それに対して帆高はどこか情けない少年。そして一番のポイントは、帆高は彼女の力を利用してベンチャー企業的なものを始めて、そのせいで陽菜が人柱になって消えてしまうかもしれないということです。彼女を利用しようとしたことを彼は反省するわけですよね。この一点においては、それまでのミソジニー、というか女性の搾取に対する批判的な眼差しを読み込もうと思えば読み込めるかなとは思います。

西口 ファンにはそこを褒める人が多いです。ただ、プロット上の葛藤はそこにはないんですよね。圧倒的な力を持つヒロインが人柱になりそうになるのを帆高が止める、そこにクライマックスがきますが、帆高自身の葛藤、言いかえれば社会や権力（警察）との対立点はたまたま拾った拳銃によって生じていて、搾取や反省とはあまり関係ないという。

河野 金儲けのために意図せずして彼女をすり減らしてしまったことに対する結果としての反省はあるけれども、その反省は物語上のコンフリクトではない。

西口 ミソジニーとか男性性とかを考えるうえで物語上何も深まっていない感じがするのはそのせいですかね。ハリウッド映画であれば、クライマックスの前後で、帆高がそもそも家出をした原因に戻り、その問題との折り合いを踏まえて陽菜との関係性を再建したりすると思うのですが、それがなくて高校三年間は実家で過ごしましたと。なんだったんだ、家出は？

河野　だから真面目に成長物語としてこの物語を見るときに、やはり『キャッチャー・イン・ザ・ライ』[5]が決定的に重要になってくると思うのです。主人公が社会を一旦離脱し、そこからあわよくば社会に戻ってくる。これが一つの成長になるという物語類型は、とても二〇世紀的だと思うんですよね。

ひょっとすると『天気の子』はいい線いこうとしたかもしれないという気もするのです。あの二人が自分たちの成長のために社会から単に離脱して個人として成長するのではなくて、社会を変えてやれみたいなモメントを少しでも垣間見せてくれたことをなんとか評価したい気持ちは僕にもあります。ところがやっぱり社会の変化が、二人の存在と対決してしまい、どちらかしか立たない。「きみとぼく」の関

5　『キャッチャー・イン・ザ・ライ』（もしくは『ライ麦畑でつかまえて』）は、アメリカの小説家J・D・サリンジャーによる小説。一九五一年出版。高校を放校処分になった主人公ホールデン・コールフィールドのニューヨークへの彷徨の物語。世の中のあらゆるものから疎外されたホールデンは唯一、妹のフィービーとのつながりを確認しつつ、子供たちの遊ぶライ麦畑で、子供たちが崖から落ちそうになったら捕まえる人（キャッチャー）になりたいという希望を語る。口語体で書かれた青春小説、イニシエーション文学の金字塔。

係を成立させつつよりよい社会を創ることが想像できないのは、社会と成長を巡る二〇世紀的な想像力の限界を、やはり指し示している気がします。

西口 「あの時、僕、僕たちは、たしかに世界を変えたんだ」というラストのモノローグの意味もピンと来なかった。気候変動で大雨が降り続けるのは地球環境としての「世界」の既定路線で、社会問題でもありましたよね。たまたま陽菜という特殊能力者がそれを止められるかもしれないという可能性を開いたけど、元に戻った。その時、この世界で陽菜と生きていくことを「僕は選んだ」。これを指して「世界を変えた」と言うことで、「あなたが変われば世界が変わる」と説く自己啓発的な「世界」の話にすり替えているような……？

河野 雨を止める可能性はあったけども、それを捨てた。大人たちは責任を引き受けていないが、主人公二人は引き受けた。自分たちのせいで既定路線に収まったと。これってやっぱりひどくないですか？（笑）

まあ新海誠がやりたかったことは明確なのかな。セカイ系を否定したかったということでしょう。『君の名は。』は明らかに東日本大震災を思い出させるような形で、災害を利用した。この、災害を回避すること＝君と僕の関係が成立することという典型的なセカイ系の図式が批判されたわけですね。この批判への応えが、社会か二人かという、あれかこれかの構造だったのでしょう。

当然、アニメ作品の物語はそのように、個人としての登場人物と、社会であれシャカイであれ、外部の世界との関係を単純化して示すことしかできない。それは『天気の子』という作品のせいではありません。それを単に複雑化せよ、と命令してしまうことは、物語の力を削ぐことにつながってしまう。ただ私たちが考えなければならないのは、そのように単純化された物語と、私たちの複雑な社会との関係です。私が新海誠はセカイ系を追求せよと言ったのは、アニメは社会に口を出すな、と言いたかったのではなく、アニメならではの個人と社会の関係の問い方や表現の仕方があるということです。その観点で、「これだ！」という作品が、最近のアニメ市場の活況にもかかわらず、出ていないように思いますね。

セカイとシャカイのあいだで

――新海誠と宮崎駿

河野真太郎

君たちはどう生きるか

監 宮崎駿／124分／日本／2023年

STORY 母親を火事で失った少年・眞人は父の勝一とともに東京を離れ、「青鷺屋敷」と呼ばれる広大なお屋敷に引っ越してくる。亡き母の妹であり、新たな母親になった夏子に対して複雑な感情を抱き、転校先の学校でも孤立した日々を送る彼の前に、ある日、鳥と人間の姿を行き来する不思議な青サギが現れる。その青サギに導かれ、眞人は生と死が渾然一体となった世界に迷い込んでいく。

すずめの戸締まり

監 新海誠／121分／日本／2022年

STORY 九州で暮らす一七歳の岩戸鈴芽は、扉を探しているという旅の青年・宗像草太と出会う。彼の後を追って山中の廃墟にたどり着いた鈴芽は、そこだけ崩壊から取り残されたかのようにたたずむ古びた扉を見つけ、引き寄せられるようにその扉に手を伸ばす。やがて、日本各地で次々と扉が開き始める。扉の向こう側からは災いがやって来るため、鈴芽は扉を閉める「戸締りの旅」に出ることに。数々の驚きや困難に見舞われながらも前へと進み続ける鈴芽だったが……。

本章の対談は『天気の子』（二〇一九年）公開直後におこなわれた。その後、新海誠監督は『**すずめの戸締まり**』（二〇二二年）を公開した。この作品は、『君の名は。』のような暗喩的な形ではなく、かなり明示的に東日本大震災とそのトラウマの解消を主題とするものであった。しかも、日本各地の、バブルの置き土産のごとき廃墟に現れる「扉」を閉め、そこから日本列島の下にうごめく「ミミズ」の出現を防ぎ、災害の発生を回避するという意匠は、「失われた三〇年」の果ての、縮小する日本社会・経済の雰囲気を捉えようとするものにもなっていた。同時に主人公たちに目をやると、この作品は「ぼく」が「きみ」に出会い、その関係のゆくえが世界の運命を決するという「セカイ系」の図式を転倒させた。そうではなく、一言で言えばこの作品は「女（たち）の物語」となっている。主人公の鈴芽《すずめ》に対するヒーローのはずのイケメンである草太は、物語のかなり早い段階で椅子に姿を変えられてしまい、作品のほとんどの間をその姿で過ごす。それに対して、鈴芽はさまざまな女性たちに助けられながら宮崎から岩手までの旅をする。

このようにまとめてみると、『すずめの戸締まり』は本章での『天気の子』に対する批判にさまざまな点で応答しているようにさえ見える。セカイ系の乗り越えと、社会問題を物語と有機的に組み合わせ、それをキャラクターの個人の物語と必然性をもって織り合わせること……。

問うべきなのは、これらのねらいにこの作品が成功しているかどうかであろう。これについては私（河野）は「文春オンライン」においてある程度の見解を示しておいた[1]。私の結論は、女性を主人公として女性たちの連帯を描くように見えることの物語の核心にあるのは父の不在と、父的なものの希求であるというものだった。物語の最初から最後まで謎の存在にとどまる、猫型のキャラクターである「ダイジン」とは、これまた最初から最後まで不自然にも不在である鈴芽の父の位置に入るはずの存在である。「文春オンライン」の論考ではそれほど明示はしなかったが、この基本的に保守的なジェンダー・イデオロギーは、またしてもソフトな神道と神道国家のヴィジョンとそこはかとなく結びついているように見える。

つまり、『すずめの戸締まり』はかなり広い日本の社会状況を表象し、それと格闘することを主人公の個人的トラウマの解消と（ミミズや戸締まりといった象徴を介して）結びつけるという意味では、本章で私が述べたようなシャカイ系の罠と意識的に戦っているようにも見える。だが、最終的にこの作品が行き着いたのは、相変わらずのソフト神道的で家父長制的な国体の観念であった。それが、新海がとりあえずは提示した、セカイ系とシャカイ系とのはざまの何かだったのだが、これをもって、『すずめの戸締まり』の公開とともに新海の名前に付与されるのが目に付くようになった「国民的アニメ作家」に、新海がなったのだと納得してよいものかどうかは、いまだに確信が持てない。

新海が「国民的アニメ作家」と呼ばれる時に念頭に置かれているのはもちろん、新海が宮崎駿という王の地位を継承したということである。本当にそうなのかという疑問はここでは問わない。そうではなく、『**風立ちぬ**』（二〇一三年）をもって一度は引退を宣言した宮崎駿が二〇二三年に世に問うた新作『**君たちはどう生きるか**』を、この文脈において考えておきたい。

というのも、『君たちはどう生きるか』というかなり複雑で不気味で、しかしアニメーションというものの肉感的な快楽にもあふれた不思議な作品は、ある面では明確にアニメを作ること、アニメ史へのメタ的な視点にあふれてもいる映画だったからである。

映画パンフレット、公式のガイドブック、『SWITCH』誌（二〇二三年九月号）でのプロデューサー鈴木敏夫のインタビューなどの情報が公開されて、この作品は基本的には宮崎駿の自伝的な物語であることが明らかにはなっている。ただし少し時代はずれていて、主人公の眞人《まひと》は戦前生まれである。だが、風景や経験のベースになっているのは宮崎の疎開経験であり、そこにジョン・コナリーの『失われたものたちの本』が重ね合わされる格好で物語は始まる。

私はすでにこの作品について二本の論考を書いた[2]。いずれの論考においても重要な根拠としたのは、主人公の眞人が母を求めて下る「下」の世界、もしくは地獄は、「宮崎アニメ」の世界であるということだ。つまり、ほとんど連続する夢の世界のような「下」は、『**未来少年コナン**』的な海と島の世界、『**ルパン三世 カリオストロの城**』や『**名探偵ホームズ**』のようなマンガ的なドタバタの世界、『**天空の城ラピュタ**』の「石」と「木」の世界、『**千と千尋の神隠し**』の猥雑で危険な世界、『**魔女の宅急便**』や『**ハウルの動く城**』のような魔法と魔女の世界、『**となりのトトロ**』や『**崖の上のポニョ**』における生物の変幻自在な変身の世界……と、さながらこれまでの宮崎アニメの総集編の様相を呈するのだ。

そしてその世界を統べる「大伯父」は一体誰か。鈴木敏夫が『SWITCH』のインタビューで述べている通り、この作品が宮崎の自伝であり、眞人が宮崎その人だとすれば、大伯父は宮崎の先行者としての高畑勲だということになる。だがその「公式見解」に従う必要は必ずしもないだろう。多くの人が感じとったように、大伯父は宮崎駿その人だと考えてもよい。彼が積み上げる石の数は一三であり、それは宮崎のこれまでの長編作品の数なのである。

そうだとして、この作品は宮崎自身の作品に対するどのような「メタ意識」の表現になっているだろうか？　本論の文脈では、「君たちはどう生きるか」の「君」に含まれているのは、宮崎の後を行くアニメ作家たち――もちろん新海誠もその一人――だという解釈ができる。私はこんなアニメを作ってきた。君たちは何を作るのか。

ただし、宮崎駿はそのような無責任なマウンティングに近いものからは縁遠い人である。君たちは何を作る、と問いかけつつ、『君たちはどう生きるか』そのものが、アニメとは何かということについての問いと（暫定的ではあれ）答えとなっている。では、その問いと答えは何だろうか。

もちろん、宮崎は新海におけるようなセカイ系の問題系からは遠く離れているように見える。だが、セカイ系をもう少し広く取るなら、そうとも言えないかもしれない。広く取るというのは、アニメはキャラクターとその個人的コンフリクトへと、社会や世界の複雑性を抽象化・還元して提示するものである、というところまで広げて考えるということだ（ここまで行くともはやアニメだけではなくあらゆる物語がおこなっていることだが）。そこまで広げたものをセカイ系と呼ぶことができるなら、宮﨑もまたセカイ系である。

では社会、もしくはシャカイ系の問題はどうだろうか。新海がシャカイ系だというのは、セカイ系的に単純化された世界に複雑であるはずの社会問題――貧困問題、経済問題、災害と環境問題――を「アイテム」（本章の対談で言葉）として放りこんでしまっているということだ。たとえば『天気の子』では環境問題をかなり単純なゼロサムへと還元してしまっている。

逆説的に、もしくは直感に反するように聞こえるかもしれないが、宮﨑駿は社会を描くことに対してはこの上なく慎重である。彼の作品は、確実に深いところで社会的であるし政治的であるが、それは決して「社会問題」を素材として作品に放りこむことによるものではない。むしろそのようなものの拒否と、アニメ作品の論理の徹底の中からこそ、そのような社会性と政治性は達成されている。

先述の「宮﨑駿は、嘘をつく母になりたかった」という論文で私は、宮﨑にとってアニメとは、極端な理想主義へと陥らないためのワクチンのようなものであるとしたうえで、宮﨑が「マンガ映画」と「映画」を区別していることを重視して議論を展開した。宮﨑にとって、アニメ（マンガ映画）とは、人間が有限で偶発的なこの世界に生まれた以上、必ず抱えもってしまう根本的な欠如を埋めあわせる何かであった。彼自身の言葉を使えば、「地面」のないところに何かを作ることだ。「映画」であることとはおそらく、そのような地面＝現実社会との繋がりを求めすぎて、私たちの欠如した世界を補完する――もしくは世界そのものを創り出す——アニメの機能を失った作品のことなのだろう。同時に優れたアニメは、私たちの存在と世界が抱え持つ欠如を痛切に感じさせてしまうものたらざるをえない。その意味で「マンガ映画」は失敗し続ける。その失敗こそが重要なのである。

しかるに、シャカイ系としての新海誠作品は、そのような失敗を恐れる。恐れるがゆえに、自らのアニメの内的論理を徹底することができていない。本章の対談で、私が新海はセカイ系をもっと追求すべきだと述べ、細田守監督作品などにも社会的なものを入れなければならないというプレッシャーがあると批判したのはそのようなわけである。極論すれば、アニメ制作とはそれ自体がセカイ系的な妄想に支えられた営為だ。それは、トトロのような、目に見えぬものを出現させる。そして、その目に見えないものこそが世界を支えていることを示す。その示唆はさらには、世界の欠如の痛々しい事実を私たち大人に突きつけもする。それが、宮崎駿がかなり早い段階で到達していたものだと信じる。

1 『すずめの戸締まり』男性キャラが独特だが…作中最大の謎・ダイジンの「正体」を考える意外な〝ヒント〟」https://bunshun.jp/articles/-/58806

2 「宮崎駿監督『君たちはどう生きるか』——「極端な時代」に猥雑で複雑な他者と共に生きるためのヒントとは」『あしたメディア』二〇二三年七月三一日 https://ashita.biglobe.co.jp/entry/2023/07/31/110000「宮崎駿は、嘘をつく母になりたかった」『現代思想』二〇二三年一〇月臨時増刊号

（対話3）

社会を描くとはどういうことか

――ケン・ローチ作品

家族を想うとき

Sorry We Missed You

監 ケン・ローチ／100分／英・仏・ベルギー／2019年

STORY イギリスのニューカッスルに住むターナー家のリッキーはフランチャイズの宅配ドライバーとして独立。妻のアビーはパートタイムのヘルパーとして一日中働いている。家族を幸せにするはずの仕事が家族との時間を奪っていき、高校生の長男セブと小学生の娘のライザ・ジェーンは寂しい想いを募らせてゆく。そんななか、リッキーがある事件に巻き込まれてしまう――。

わたしは、ダニエル・ブレイク

I, Daniel Blake

監 ケン・ローチ／100分／英・仏・ベルギー／2017年

STORY イギリスのニューカッスルの大工ダニエル・ブレイクは、心臓に病を患い、医者から仕事を止められ、国からの援助を受けようとした。しかし、複雑な制度のため満足な援助を受けることができない。ある日、シングルマザーのケイティと二人の子どもの家族を助けたことから、ケイティの家族と絆を深めていく。そんなダニエルとケイティたちは、厳しい現実によって追い詰められていく。

二〇一九年一二月四日収録

希望のないラストの衝撃

西口　「批評」っぽくないことを言いますが、ケン・ローチ［1］は、僕が一番好きな映画監督のひとりです。彼は作品を通じて労働者階級にとって何がリアルかをずっと追求してきた監督ですね。

『家族を想うとき』（二〇一九年）は、主人公が孤立していく過程を細かいドラマの積み重ねによって描いていきます。そこでは仕事を通じて誰かと連帯することがもう絶望的に難しくなっている。ギグ・エコノミー［2］の時代になると、階級的な

1　ケン・ローチ（一九三六年生まれ）はイギリスの映画監督。一九六〇年代にBBCのドラマ制作を経て、『夜空に星のあるように』（一九六七年）、『ケス』（一九六九年）から長編映画作家となる。一九七〇年代後半から八〇年代は不遇の時代であったが、九〇年代以降にはイギリス社会の新自由主義化を文脈とした労働者階級、移民の経験に根ざした、社会派リアリズム的な作品を精力的に発表し、『麦の穂をゆらす風』（二〇〇六年）、『わたしは、ダニエル・ブレイク』（二〇一六年）で二度のカンヌ国際映画祭最高賞（パルム・ドール）を受賞した。

ものの残滓すらほとんどない。すると最後になにが残っているのかというと、「核家族」。それだけがポツンと孤立している。

河野　そうですよね。だから、終わった後にこれを「面白かった」とは言えないですよね。辛かったというか、逃げ場がまったくないという感覚に、観客も追い詰められます。ケン・ローチのこれまでの作品では、必ず連帯の可能性や苦境からの離脱の可能性が散りばめられていました。前作の『**わたしは、ダニエル・ブレイク**』（二〇一六年）ならまだ、ラストシーンに一種のカタルシスはあった。それがいよいよこの作品にはなくなっているのです。どんなにひどい状況でもまだそこに連帯の可能性があった世界が、徹底的に破壊されているという認識で、この映画を作ったのだと思います。

西口　その徹底ぶりに絶句しました。初めてケン・ローチの作品を見る人でも、やっぱりこれを観ると、「うわ……」となると思う。どういう感想を持てばいいの？みたいな。

河野　ただ、あのカタルシスのなさというのはローチ作品では初めてではなくて、たとえば『**ケス**』（一九六九年）では主人公の絶望の場面で映画を終わらせる。それで観客を現実に放り出す、あのやり方はおなじみではありますね。

西口　ケン・ローチは、基本バッドエンドが好きだと思うんです。それこそが主人公を現実と繋げている。僕は学生の頃にケン・ローチ映画のあの終わり方に痺れてファンになりました。

ラストに至るまでの「希望」

河野　バッドエンドがインパクトを持つのは、それまでにある程度いけるのではないかという瞬間があるからですよね。主人公たちが夢見ていたものが手に入るかもしれ

2　ギグ・ワーク（gig work）は、企業と雇用契約を結ばずに単発の仕事を請け負う働き方。Uber が典型例である。時間的な自由度が高い一方で、社会保障の弱さや一方的な契約等が問題視されている。

ない、ともに闘う仲間がいるかもしれないという瞬間があって、それが最終的に飲み込まれるように挫折するという終わり方が多いですね。

しかし、『家族を想うとき』は、そういった希望が本当に切り詰められています。印象的なシーンは二つで、まずは、労働時間が長いため家に帰れず、家族の世話ができないということが主人公リッキー（クリス・ヒッチェン）の抱える大きなジレンマなのですが、娘のライザ（ケイティ・プロクター）を連れて一緒に仕事をすることによって家族と時間を共有しジレンマを乗り越えられるかもしれないということを示す場面ですね。その後に、確執が生じていた息子のセブ（リス・ストーン）とも和解して家族で一緒に行動するという瞬間が続きます。しかし、基本的には家族のなかで完結しておりその外部には広がりません。

もう一つ、リッキーが強盗に襲われて携帯端末が破損したから高い罰金を払えと

『家族を想うとき』ケン・ローチ／2019年
娘のライザ・ジェーンを同行して宅配の仕事をするリッキー

上司から電話で言われて、それを聞いた妻アビー（デビー・ハニーウッド）が病院の待合室で怒るシーン。彼女の正義が爆発しているのですが、しかし、周囲からは割と冷ややかな目で見られてしまいます。『わたしは、ダニエル・ブレイク』の落書きのシーンのように共感が広がることはなく、しかもアビーも自分が感情を爆発させたことをすぐに恥じて逆に落ち込む。

西口　その二つぐらいしかありませんよね。あとは分断と孤立が深まっていく様が描かれています。職場では、リッキーと同じような条件で働く人たちがいるのでお互いの状況もなんとなくわかる。昔のケン・ローチ作品だったら何かしらの仲間的な連帯が役割を果たしたかもしれません。しかし、逆にリッキーが他の労働者の仕事を奪うなどの裏切りが描かれます。

『わたしは、ダニエル・ブレイク』ケン・ローチ／2016年
セーフティネットから排除されたダニエルが役所の壁に書いた落書き（「わたしは、ダニエル・ブレイク　飢え死にする前に不服申立期日を求める！ そして電話のクソみたいな保留音を変えろ」）。それを見ていた通行人に連帯が広がる。

家族しかいないことの絶望

西口　「家族」に注目すると、この映画は家族が「リスク」であるかのように現れる物語になっています。セブが万引きをはたらいたのでその対応のためにリッキーが仕事を休むと、評価を下げられるばかりか多額の罰金を取られる。リッキーは、家族のために稼がなければ、と頑張りますが、ともすると稼ぐためには家族と暮らさないほうがいいのではないか、というふうにも見えてしまう。

河野　そうですね。本作を観る前の話ですが、*Sorry We Missed You* という原題に対して、『家族を想うとき』という邦題には「えっ?」と思いました。まるで家族に何らかの救いを見出す物語のような印象を持ったので。しかし実際に作品を観たら一八〇度意味が変わる秀逸な邦題だと評価しなおしました。家族がバラバラになってしまう一方で、社会の助けがなく家族しか頼れる存在がないという矛盾に苦しむ物語であるという意味では、皮肉を含んだタイトルになっています。

西口 あえてベタな邦題っぽく見える「家族」というキーワードを入れるけれど、「家族が希望」というのではなく、家族しかいないことの絶望を実感するストーリーになっている。非常に唸りました。
　フェミニズムの文脈でいうと、いまの社会は女も男なみにとにかく働いて経済主体になってくださいということを要請しながら、裏では保守主義的な「母性」像から家族単位での「自助」を求める。家を出ろと言っているのに、同時に家にいろとも言っています。それが、本作に現れている矛盾でもあって、男性も女性も家の外で働かなければならない一方で、外部からの助けがないので家族同士のケアができない。そもそもの新自由主義の家族に対する視線が矛盾しているのです。

ケン・ローチが描いてきた家族

河野 中産階級の核家族とは違い、地域や親戚がつながり互助的な体制を作っている「拡張された家族 extended family」という概念がかつてはイギリスにはありました。

それが、一九八〇年代くらいを境目に新自由主義的に切り崩されてなくなっていったとされます。マーガレット・サッチャーの「社会など存在しません。存在するのは男と女と家族だけです」という言葉が象徴的です。ここでのサッチャーのメッセージは、個人と家族はほぼ一緒だということです。つまり、家族はコミュニティ的なものではなく、経済の最小単位であり個人であると。

しかし、このような単純な断絶のナラティブを採用してしまうと、逆に希望が持てなくなります。そうではなく、大切なことは家族が孤立してしまったのにはもう少し長い歴史があるということです。私が講談社現代新書ウェブサイトに寄稿した記事では、一九五〇年代以降のいわゆる福祉国家の時代からすでにそのプロセスが始まっていたということを書きました［3］。

ケン・ローチはそのプロセスをずっと描いてきたのです。彼の出世作『**キャシー・カム・ホーム**』（一九六六年）ではすでに、住宅問題も絡めつつ、労働者階級の女性が孤立していく様を描いています。アリ地獄のような転落が続き、住む家のランクも下がっていって最後は路上生活になってしまう。この作品でケン・ローチは、大量生産・大量消費、完全雇用の福祉国家で「スウィングする六〇年代 Swinging

Sixties」と言って盛り上がっていたはずの時代の裏側に過酷な貧困があったということを示し、イギリス国内でも相当のインパクトがありました。あれから同じテーマをずっと見つめてきたケン・ローチが、かつては理想的な労働者階級コミュニティがあったと単純なことを言うとは思いません。そうではないプロセスがすでに始まっていて、ずっと連続しているという見方は重要です。ギグ・エコノミーはまったく新たな経済現象で、それによってこれまであった労働者階級の連帯の可能性が徹底的に潰されてしまいましたという物語では、ちょっと、どうしたらよいのだ? という話になってしまう。

時事性に回収されない、ケン・ローチの作家性

西口　そうですね。この映画は「ギグ・エコノミーという現代の新しい労働問題を描いた」と評価されることが多いです。

3　河野真太郎「家族が「贅沢品」になる時代……誰が〝個人〟を守るのか?」現代新書ウェブサイト、二〇一九年一二月一五日公開、https://gendai.ismedia.jp/articles/-/69207

河野　そう規定した瞬間に、これまでの問題からの「まやかしの切断」がおこなわれてしまうおそれがあります。いまギグ・エコノミーと呼ばれるもののなかでおこなわれている搾取は同じかたちでずっと続いてきたということが見えなくなる。そもそもギグ・エコノミーという言葉自体が「働き方改革」のように、労働者を使う側が開発した言葉ですよね。

西口　かっこいい、新しい稼ぎ方という意味で使われることが多いです。使う側もその言葉の文脈や歴史を切断する力を利用している。会社に通い時間と場所に縛られていたこれまでの働き方を「時代遅れ」とし、「自由に」「自分の好きな時間・場所で好きなだけ稼げる新しい働き方」を売りにして、人を集めて働かせています。

河野　ギグ・エコノミーの映画であると規定してしまった瞬間に失われるものは相当に大きいと思います。僕が重視したいのは、もうずっと前の作品からケン・ローチが変わらず描いてきたことが重ねて描かれているということです。通底する部分が重要だという意味で、「ギグ・エコノミーの映画ではありません」と言いたいですね。

個人の成功をあえて描かない

河野　ケン・ローチ作品の連続性をさらにあげると、労働者階級の描き方は一貫していますよね。たとえば、『家族を想うとき』の息子セブは、ケン・ローチの初期作『ケス』の主人公ビリー（デヴィッド・ブラッドレイ）にとても似ています。ビリーは北イングランドの炭鉱町に住んでいて、希望といえば見つけてきた鷹を育てること。それが象徴する自由が束の間の希望になるけれど、それはあえなく失われてしまう。このパターンは、セブでも反復されています。彼はグラフィティ・アートを仲間とやることが唯一の希望だったというところがあるのですが、それは明らかに彼の現状を具体的に変えるような物質的なものはもたらさない。

『ケス』に関しては、「鷹を育てるという素晴らしい探究心と才能を持つビリーが動物園に就職するなどの道は用意できなかったのか」という質問をケン・ローチはよく受けるそうですが、「それをやってしまったらダメだ。もしビリーがそこで労働者階級を離脱したとして、ビリーがやるべきだった仕事をほかの誰かがやるだけだ」と彼は言っています。ローチが否定するのは労働者階級からの離脱の物語です。それは個人が単に社会のはしごを登っただけであって、貧困や労働問題は存在する。社会構造は何も変わらない。それは描きたくない、ということだと思うのです。『家族を想うとき』でもブレずに反復されています。

「ケアラーなのに悪態をついてごめんなさい」

西口 労働の描き方に関して重要なのは、やはり妻のアビーかなと思います。

河野 アビーの介護労働ですね。「ゼロ時間契約」［4］で、細切れの仕事をするためにわざわざ移動しなければならないという訪問介護労働の厳しさが描かれています。

西口 リッキーは職場のなかで連帯の道を絶たれて孤立していきますが、アビーは、会社から禁じられているのだけども、ケアという労働の性質から、利用者である高齢者たちとの交流や意見の交換、感情のやりとりという直接的なコミュニケーションをおこなっていて、そこにはやはり希望があると観客は見たくなりますね。一九八四年の炭鉱ストの話も介護の現場で出てきます。あの話をした老婦人は、自力でトイレにも行けないような状態だから、自分はもう役立たずだと落ち込んでいるけれど、アビーから「あなたから教わることはたくさんある」と励まされる。逆に介護するアビーの側も家族の問題で落ち込んでいるとき

4　週あたりの労働時間が明記されないかたちで結ばれる雇用契約。雇用者が必要とする時間に応じて労働者は働き、賃金は就業時間に対して支払われる。訪問介護ヘルパーなどを中心に広がり、イギリス労働市場において不安定労働の拡大と低賃金化を加速させている。

『家族を想うとき』ケン・ローチ／2019年
訪問介護先で利用者から炭鉱ストの話を聞くアビー

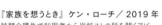

には、利用者の方に髪をとかされながら慰められるシーンもあって、アビーもケアをされているという側面はありますね。

リッキーの仕事は、「替え」がきくことを常に求められている。仲間とお金を出し合ってさらに下請けを探すとか、誰かの仕事を代わりにやるなど、交換可能性を極限まで高めた状態をマネージャーから要求されています。アビーの仕事も「替え」は求められているけれども、利用者に「あなたじゃなきゃダメ」と言われたり、その人だからこそという場面が随所に描かれていて、対照的に描いていますね。

ギグ・エコノミー的な新しい労働のあり方を描きながら、一方では男性ジェン

『家族を想うとき』ケン・ローチ／2019年

リッキーの職場の上司に電話口で怒りを爆発させ（上）、
そのあと周囲に謝るアビー（下）

ダー化された労働がリッキーで描かれていて、他方でアビーのケア労働はとても女性ジェンダー的な描かれ方をしていて、そこはかなり意識的に描き分けています。

河野　そういう意味でもすごく印象的だったのが、前述のアビーの怒りのシーンですね。リッキーの上司に電話で、観ていて痛快なほど怒りをぶちまける場面ですが、その直後にアビーは、病院の待合室にいた周囲の人が冷たい目で見ているのにハッと気づいて「ごめんなさい、ごめんなさい、私はケアラー〔ケア提供者〕なのに、悪態をついてしまった。ごめんなさい」と謝るのです。彼女のジェンダー化された労働のマイナス面がそこで鮮鋭に出てきてしまっています。会社側の不正義に対する労働者の怒りを彼女は体現するけれども、「ケアラーだからそういう言葉を使ってはダメだ」というところで自分を抑圧してしまう。

ケアラーであるということは、一方では新たな連帯の可能性を垣間見せてくれるけれども、その道でさえあの一言によって絶ってしまうところがあり一筋縄ではいかない。あの場面のあのセリフはかなり印象に残っています。

ケン・ローチが描く女性と男性

河野 こうして見ていくと、ケン・ローチは労働問題をずっとやっていてマッチョな作家というイメージがあるのかもしれませんが、ジェンダー・フェミニズム的に見直されてもいいかなと思いますね。よく見ると相当数の作品は、女性が主人公なのです。女性の貧困・労働や、欲望・セクシュアリティを描くというかたちで、ジェンダー・フェミニズム的な問題をずっと扱っています。

西口 そうですよね。労働者階級のなかで男性がマッチョに振る舞うことはデフォルトであり、それを男たちは世代を超えて再生産する。そうしたマチズモに被害を受ける女性たちの姿も初期作品からずっと描いています。

一方で、ケン・ローチは、父親が息子にマッチョさを押し付けようとして反発される構図を使う際、女性には「母性的」で「女性らしい」キャラクターを振り分けがちという問題もあるかもしれません。『SWEET SIXTEEN』（二〇〇二年）のように初めから母子家庭の場合は違いますが、『家族を想うとき』でも娘のライザ・ジェーンは聡明で、いつも家族の幸せを願っている少女として描かれます。たとえばライザが、めちゃくちゃグレまくっている女の子だと、この話は成立しにくくなってしまう。ライザがリッキーの車のキーを隠すというショッキングな事件が起きるのですが、その動機に家族への切ない想いがあるということがわかって、感動的な物語になる。うがった見方をすれば、女たちは家族を守るために懸命であるという、役割の押し付けにもなる可能性がある。

河野 イギリス労働者階級の典型的な家族を描いていくときに、女性に役割を押し付ける伝統的なジェンダー観の現実がどうしてもにじみ出てしまうというところでしょうか。ただ問うべきなのは、物語上で女性に救いを見出してしまう構造になっているのかということだと思います。女性がプロットを解決するための人身御供になっているかどうか。それこそ『天気の子』（対話2参照）のようにセカイ系的に女性を犠牲にして物語の矛盾を解決していくことがおこなわれているかというと、それはないですよね。

ケン・ローチと是枝裕和――作品の違い、社会の違い

西口 社会のリアルを描いていくという点でケン・ローチ監督とよく比較されるのは、日本の是枝裕和監督ですよね。NHKの対談番組［5］でも両監督は互いにリスペクトしあい、共鳴していました。ただ、この二人の作品は、社会に対する視線が違うと思うのです。労働者階級のリアルを徹底して描くケン・ローチに対して、是枝監督はたとえば『**万引き家族**』（二〇一八年）について「いろいろな階層の人がごっちゃになって家族をつくっているようにしました」と言っていたのが印象的です。

河野 『万引き家族』はある意味、労働者階級というものを表象するのではなくて、実は中産階級の子供が入っていたというようにいろいろな階層の人たちが束の間の「家族」という共同体をつくっているという点が、面白いのだけれども、一方で階級を無化してしまう方向に進んでしまっているような気がします。是枝監督の作品では、『**そして父になる**』（二〇一三年）は明確に日本の階級問題を描き込んでいて、個人的

にはあちらのほうが好きですね。

ただ、これは監督の個人的力量の問題というよりも、イギリス社会と日本社会自体の違いが大きく関わっているかもしれません。労働者階級を描くときに、イギリスには労働者階級意識の分厚い歴史があるし、表象も蓄積されている。それを使うにせよ、反発して違うものを表現するにせよ、やりやすいというところは絶対あるのですよね。それに対して日本ではそのような蓄積がないため、労働者階級を映画のなかで表象して商業的にも通用するような物語を作っていくためには相当な長距離の跳躍をしないと難しいというところはあります。

映画が社会的であるということはどういうことか

河野　ここまでの対談でも話題になってきましたが、やはり大きな問題として出てくるのは、映画が社会的になるとはどういうことか、ということですね。たとえば、『天

5　NHK総合「クローズアップ現代＋　是枝裕和×ケン・ローチ〝家族〟と〝社会〟を語る」二〇一九年九月一七日放送（のちに『家族と社会が壊れるとき』（NHK出版新書、二〇二〇年）として書籍化）

気の子』で新海監督は社会的っぽく見えるアイテムを表面的に入れていったのですが（対話2参照）、それでは社会的な作品にはならないのです。では、どうするのか？

ケン・ローチ作品の社会への向き合い方という点で重要な役割を果たしているのは、脚本家のポール・ラヴァティ［6］だと思います。一九九〇年代以降のケン・ローチ作品の立役者で、ケン・ローチも映画に関しては脚本家が重要だということを述べています。

西口　ポール・ラヴァティは物語を非常に綿密に作り上げる素晴らしい脚本家だと思います。もともと弁護士としてさまざまな社会活動に関わっていたそうですね。

河野　彼に『家族を想うとき』に関して電話インタビューをする機会がありまして［7］、そのときに「次はどのような社会問題を扱うことを考えていますか？」と聞きました。すると彼は、「いやいや、そういうことじゃないんだ。社会問題があって、機械的にそれをピックアップして問題化して、台本を書いて映画をつくるというようなことではない。もっとパーソナルな必然性から入っていって、そこからドラマを組み上げるということをやる。社会問題が先にあり、それを作品にしているのではない」と。それがすごく印象的でした。必ずしも最初から、「いまホットな問題がこれだからやりました」というようなことではなく、もう少し個人的な経験や必然性から作品を作っているのです。

個人を描くことから始める

西口　『わたしは、ダニエル・ブレイク』のパンフレットに書いてあったのですが、ポール・ラヴァティは映画を作り始める前にフードバンクで聞き取り調査をかなりやっていて、そのなかでみんなの労働環境の問題が分かり、なぜそうなるのか？という

6　一九五七年、インド・カルカッタ生まれ。脚本家、弁護士。国際的な人権問題に取り組みながら、『カルラの歌』（一九九六）以降の多くのケン・ローチ作品の脚本家をつとめる。二〇〇二年、『SWEET SIXTEEN』でカンヌ国際映画祭脚本賞を受賞。

7　河野真太郎「ギグ・エコノミー礼賛の裏で「自由な自営業者」を襲う貧困と家族の崩壊」現代ビジネス、二〇一九年一二月二七日公開、https://gendai.ismedia.jp/articles/-/69497

疑問からさらなるリサーチを始めたそうです。あらかじめ描きたい大きな「社会問題」があって、それに肉付けするように物語をつくるのではないという彼の姿勢は、何より作品のリアリティとして現れていると思います。

僕が是枝作品に対し批判的なのは、作り方がその逆だと感じるためです。是枝作品は、描きたい社会のなかのギャップや構図がまずあって、物語がその図式に肉付けしていくような作りになっています。もちろん、描かれている問題自体は非常に重要ですし、素晴らしい細部や演出、自然な演技がたくさん詰められているのですが、しかし、どうしても構造ありきな印象をもってしまう。それに対してケン・ローチ作品には、主人公と一緒に観客も濃い霧のなかに包まれて迷子になるような力があります。

河野　秀逸な比喩ですね。それは、役者に台本は見せずに先の分からない状態でその場の感情を引き出して撮っていくというケン・ローチの撮影手法にもよく現れていると思います。霧のなかにいるような状態で演技をしていく。これらの試みがケン・ローチ作品に代えがたいリアリティと社会性を生み出しているのでしょう。

（対話4）

陰謀論は、お好きですか？

ドント・ルック・アップ
Don't Look Up

監 アダム・マッケイ／138分／米／2021年

STORY 天文学を専攻する大学院生ケイトは、地球に衝突する恐れがある巨大彗星を発見する。指導教授のミンディとともに、ケイトは世界中の人々に迫りくる危機を知らせようと躍起になり、大統領と対面したり、朝のテレビ番組「デイリー・リップ」に出演したりと熱心に訴える。しかし話を聞き入れてもらうのは難しく、空回りしてばかり。やがて事態は思わぬ方向へ進展してゆく。

コンタクト
Contact

監 ロバート・ゼメキス／150分／米／1997年

STORY 天文学者のエリーは、砂漠の天文台で観測中に、恒星ヴェガ付近から地球に向けて信号が発せられていることに気づく。世界中の国々が協力して解読を進めるうちに、驚きの事実が判明。信号には、乗員を宇宙へ運ぶことができる宇宙間移動装置の設計図が含まれていたのだ。新時代の幕開けかハルマゲドンの到来か、世界中を巻き込んだ騒ぎが続き、この装置を建造するか否かの論争が巻き起こる。

ファイト・クラブ
Fight Club

監 デヴィッド・フィンチャー／139分／米／1999年

STORY 物質的には何不自由ない生活を送りながらも心に問題を抱え、不眠症に悩む青年ジャックは、タイラーと名乗る、危険だが魅力的な男と知り合う。ふとしたことから二人は殴り合いを始め、気づくと見物人に囲まれていた。殴り合いは癒しとなり、タイラーは酒場の地下で拳闘の秘密集会「ファイト・クラブ」を組織する。そこには多くの男たちがスリルを求めて集まるようになり、やがて危険な集団へ変貌してゆく。

マトリックス
The Matrix

監 ラナ・ウォシャウスキー＋リリー・ウォシャウスキー／136分／米／1999年

STORY プログラマとして働くアンダーソンは、ネオという名で知られた凄腕ハッカーでもあった。ある日出会った謎の男モーフィアスから、人類が生きている世界は、実は「マトリックス」と呼ばれる仮想世界であり、本当の現実世界で人間たちはコンピュータに支配され、眠らされているという真実を明かされる。本当の現実世界で目を覚ましたネオは、コンピュータの支配から人類を救うための戦いに乗り出すが……。

二〇二二年一月二八日収録（「マルチバースと陰謀論」からは二〇二三年三月一九日に追加収録）

『ドント・ルック・アップ』と陰謀論

河野　「陰謀論」と映画を語るうえで、まず外せないのは、『**ドント・ルック・アップ**』（二〇二一年）ですね。

西口　変な映画で面白かったです。監督のアダム・マッケイがこれまで作ってきた作品のエッセンスが詰まっているように思いました。長編映画デビュー作『**俺たちニュースキャスター**』（二〇〇四年）から、イラク戦争の黒幕として元合衆国副大統領ディック・チェイニーを描いた『**バイス**』（二〇一八年）までの、マスメディアやホワイトハウスなどで立ち回るエスタブリッシュメントの徹底的な風刺、キャラクター化が、今回の『ドント・ルック・アップ』でも光っています。

巨大彗星が地球に向かっているのを発見した科学者、ケイト（ジェニファー・ローレンス）とミンディ（レオナルド・ディカプリオ）はまずホワイトハウスに報告に行きますが、年中「地球存亡の危機」が報告される大統領たちは感覚が麻痺していて、まともに取り合わない。そこで二人は、人びとに直接伝えようとニュースショーに出演するも、キャスターなどメディア業界も「見せ方」にしか興味がなく、本当の危機であることが伝わらない、というのが前半の展開です。あらゆるものを皮肉ってコケにしているようで、災害《ディザスター》映画としての物語の求心力は失わない。この二つの要素を両立するのはけっこう難しいと思うのですが、本作では、彗星が衝突して人類が滅びるというプロットに集中しながらも、風刺映画としても最後まで楽しめます。

河野 本当にそうでした。トランプ政権以降に過激化しているアメリカのポストトゥルース【1】的な状況や「陰謀論」の状況を皮肉たっぷりのコメディで見事に表現しました。

雑誌『現代思想』の特集「「陰謀論」の時代」(二〇二一年五月号)の巻頭対談【2】で、「陰謀論」について整理されていました。これを参照すると、まず背景としてあるのは、政治家によるポピュリズム的で過激な煽動、つまりトランプ主義の問題ですね。それと同時に、SNSの普及により、自分の都合のいい情報だけに触れて世界を作り上げていくような感性が増幅したこと。フィルターバブルとも呼ばれますが、こうして作られた自分だけの世界観を信じる陰謀論的な感性が政治的な力を持っているという問題です。

『ドント・ルック・アップ』は、ポストトゥルースがはびこる陰謀論的な時代を見事に劇化して、しかも絶妙な距離感をとりながらひたすら茶化し続ける。両手放しで賞賛して良いのか分かりませんが、問題作でありつつ非常に面白い作品であることは確かです。

陰謀論はどう変化してきたか？

河野　個人的には、『ドント・ルック・アップ』が描く陰謀論的な世界については、一九

1　SNSの台頭や情報ソースの偏りによって、客観的な事実よりも個人の感情や信念のほうが世論の形成に影響力を持つ状況。二〇一六年のドナルド・トランプ米大統領誕生時に大きな話題となった。

2　井上弘貴＋渡辺靖「現代アメリカ社会における〈陰謀〉のイマジネーション」『現代思想』二〇二一年五月号

九〇年代からの変化や連続性で考えたいと思っています。その点で、まず思い起こしたのは**『コンタクト』**（一九九七年）です。

西口 同感です。『ドント・ルック・アップ』を観た後に『コンタクト』を観なおすと、新鮮な驚きがたくさんあります。アダム・マッケイは『コンタクト』を下敷きにしたのではないかとさえ感じます。

河野 地球外生命体からのメッセージを受信した地上の社会のドタバタを描くという点で、『コンタクト』は、一九九〇年代的な文脈で作られた『ドント・ルック・アップ』と言えるでしょうね。この二作品を比較すると一九九〇年代と二〇二〇年代の社会の違いが見えてくるのかなという気がします。

西口 『ドント・ルック・アップ』がどういう映画かを日本の観客が考える際にも、『コンタクト』と対比すると理解が深まるように思います。そもそもタイトルになっている「ドント・ルック・アップ」は、作中で彗星衝突を現実だと捉える「ルック・アップ派」とそれを否定する「ドント・ルック・アップ派」で世論が二分されるように、陰謀論的な言説が幅をきかせる状況を示す言葉ですが、『コンタクト』のエリー（ジョディ・フォスター）の研究所には「ASTRONOMY IS LOOKING UP」という標語が貼ってあって、天文学のベースに「ルック・アップ（見上げて探索する）」があるのだと気づきました。細かい表現を見ていっても共通点が多いですよね。たとえば、『コンタクト』では当時の合衆国大統領であるビル・クリントンの本人映像が挿入されます。

河野 合成だと思いますが、実在の人物を登場させるのはSF映画としては珍しいですね。

西口 そして『ドント・ルック・アップ』に登場する大統領は、明らかにヒラリー・クリントンをモデルにしています。ヒラリーらしき大統領を演じるのは、**『マーガレット・サッチャー 鉄の女**

『コンタクト』ロバート・ゼメキス／1997年
研究所でエリーが立った位置の横に貼ってある
「ASTRONOMY IS LOOKING UP」の標語

の涙』（二〇一一年）でサッチャー役だったメリル・ストリープです。大統領執務室の机の上にビル・クリントンの写真が一瞬だけ映り込み、「これはヒラリーですよ」としつこく提示してくる。このつながりをどう考えるか。

キャラクターに関してもう一つ指摘しておくと、ジェニファー・ローレンス演じるケイト・ディビアスキーは、彗星の第一発見者であり、科学に対して誠実たろうとする信念の強い、簡単に妥協しない人物だという点で、『コンタクト』でジョディ・フォスターが演じたエリーに通じます。

エリーは、かつての指導教官で政府と太いパイプをもつドラムリン（トム・スケリット）という研究者と現在は敵対しています。『ドント・ルック・アップ』ではレオナルド・ディカプリオ演じるミンディ博士がこの立ち位置ですね。ミンディは、当初はケイトと一緒に彗星の危険性を訴えますが、彼だけがメディアからチヤホヤされます。世間の注目はケイトから離れ、むしろ彼女はSNS上でネットミーム化され「バカ女」のような扱

『ドント・ルック・アップ』アダム・マッケイ／2021年
大統領執務室に飾られている写真。
クリントン大統領が写っている。

いを受ける。語る内容よりも、誰がどうパフォーマンスするかが重要で、エスタブリッシュメントも大衆も学術的な権威がある白人男性の言葉を信じるということが戯画的に描かれています。『コンタクト』では、ドラムリンがエリーの業績を横取りしていくシーンがあり、この構図も反復されているようです。

陰謀論とキリスト教の切っても切れない関係

河野 両作で私が興味深く思ったのはキリスト教の位置づけでした。
アメリカ的文脈においては、ある種のキリスト教と陰謀論は深く絡まり合っています。『ドント・ルック・アップ』では、福音派の家庭で育ったという青年ユール(ティモシー・シャラメ)が登場しますが、この「福音派」とは、保守系キリスト教のなかでも原理主義に近い立場の人々を指します。聖書が世界の全てを説明していることを原理とするので、進化論や地球温暖化などは否定し、子どもたちには、学校へ行かせずにホーム・スクーリングでその世界観を教え込んだりする。ドキュメンタリー映画『**ジーザス・キャンプ アメリカを動かすキリスト教原理主義**』(二〇〇六年)

では、福音派の信者やその子どもたちが集まる夏キャンプで、福音派的な世界観を参加者が叩き込まれる様子が描かれています。興味深いことに、映画の最後では、ジョージ・W・ブッシュの等身大パネルがキャンプに登場し、それをみんなで崇めて祝福するという場面があり、政治との結びつきも象徴的に描かれています。当時はブッシュが最高裁判事に、福音派が強烈に推薦していた中絶反対派のサミュエル・アリートを指名したことが大きく注目されていた時期です。おそらくトランプの重要な支持基盤にもこの福音派の人たちがいます。『ドント・ルック・アップ』は当然ここを意識しているのでしょう。

一方、『コンタクト』では、キリスト教が二種類登場します。一つはテロリストたちです。狂信的なキリスト教徒で、「宇宙人なんか存在しない、我々には神しか存在しない」と主張し、宇宙人から与えられた設計図を使って作った機械を爆破してしまいます。

それに対して、マシュー・マコノヒー演じる宗教家のパーマー・ジョスは、主人公のエリーと最初は恋人関係にあって、ずっと彼女のサポートをし続ける人物です。彼は政権関係者とも繋がりがあり、メディアにも登場するほど社会的に評価された宗教家です。

つまり、一方に『ジーザス・キャンプ』で描かれるような急進的な原理主義的キリスト教、他方でより穏健なキリスト教を背負うキャラクターが配置されています。それに対して、主人公のエリーは基本的に科学的な合理性を重視して、それを超えるような超越的なものは認めません。しかし、映画の最後で、彼女はある種の啓示を得る。合理性だけで説明できない何らかの超越的なものを感じ取る。

映画の構造としては、急進的キリスト教がまず否定され、それに対してパーマーが象徴する、より穏健なキリスト教が肯定されて、エリーも最終的にはそこへ収まる。つまり、福音派に代表されるような極端な陰謀論は『コンタクト』では真っ先に否定されています。より穏健なキリスト教を肯定するために。

『ドント・ルック・アップ』の宗教描写で気になるのは、先ほど言ったティモシー・シャラメ演じるユールという青年ですね。彼は、ストリートで政府を批判するようなカウンターカルチャー的な人物として登場するのですが、屋上でケイトと二人で寝転んで喋っている場面で、じつは福音派の家庭で育ったと告白します。日本語字幕では「親から信者にされた」となっており「福音派」とは訳されていませんが。

西口　ユールも「ジーザス・キャンプ」に行っていたかもしれないということですよね。

河野　そうですね。その伏線が活きてくるのが最後の場面です。みんなで食卓を囲むなかでユールが祈りを捧げる。その直後に彗星の衝撃波が襲ってきます。このシーンは非常に感動的ですが、しかし注意しなければならないのは、かなり保守的な「家族」と「宗教」によって物語を完結させている点です。

　彼は、急進的なキリスト教からは距離を取りつつも、宗教を完全に拒否しているわけではない。つまり『コンタクト』と同じように、穏健なキリスト教の可能性を最後に残しているんです。それでもみんな死んじゃうという皮肉もあるんですけど

『ドント・ルック・アップ』アダム・マッケイ／2021年
屋上で並んで空を見上げながら自身が福音派の家庭で育ったことをケイトに打ち明けるユール（上）。ラストシーンでは、祈りの言葉を唱える（下）。

ね。
　こうして見ると、急進的なキリスト教を否定しつつ穏健なキリスト教を肯定するということを『コンタクト』と『ドント・ルック・アップ』は繰り返していると言えます。

西口　『コンタクト』では、「実証できないから神を信じない」と言っていたエリーが、最後には、宇宙へのワームホールをくぐった自分の体験を「証拠がない」と言われて信じてもらえないという反転した状況になり、宗教家のパーマーが彼女を抱擁するに至ります。科学も宗教も真理を探求するという点では同じ、私は彼女を信じるとパーマーが言う。科学者が宗教的なものに包まれて終わるという意味でも、『ドント・ルック・アップ』は『コンタクト』の正しい後継作品といえそうです。

河野　そうですね。宗教という観点からするとこの二作品は共通点が

『コンタクト』ロバート・ゼメキス／1997年
エリーを抱擁する宗教家のパーマー

目立つというのが私の結論ですが、そこにはひょっとすると、アメリカでそこから逸脱する物語はさすがに作ることができないという問題がありそうですね。つまり、両作とも、科学と宗教とのあいだの和解をどうやって成立させるかがプロットを収めるうえで重要になっていて、科学の限界と穏健なキリスト教とがうまく合致して終わる。やはりアメリカ的な文脈のなかでキリスト教は否定できないということですよね。そのため、ほどほどのところで和解させる結論になってしまうのでしょう。

ネオリベラリズムと大富豪——ハデンとイッシャーウェル

河野　共通点を見てきましたが、違いとして面白いのは登場する大富豪に象徴されるネオリベラリズムの描き方ですね。『コンタクト』に登場する富豪はS・R・ハデン（ジョン・ハート）で、『ドント・ルック・アップ』ではピーター・イッシャーウェル（マーク・ライランス）がその位置にいます。この二人の富豪のあり方には、一九九〇年代と二〇二〇年代の違いが如実に出ているという感じがしますよね。

西口　ハデンは黒幕らしい黒幕で、エンジニアだったと本人が言っている通りの高度な技術力と知識、莫大な財力、国内外の政治ネットワークを持ち、独自の信念にもとづいて決然と行動する人物です。それに対して、イッシャーウェルもGAFA的なグローバルIT企業の経営者であるようですが、かなり薄っぺらいキャラクターで、物語が進むにつれ笑いの対象になっていきます。

河野　ええ。その設定に時代の違いを感じます。もっと重要なのは、プロット上の位置づけが途中からまったく変わってくるということだと思うのです。
まず、両作がともにネオリベラリズムの影響下の物語であることは、どちらも最初に予算カットの話題が入っているところから明らかです。『コン

『コンタクト』ロバート・ゼメキス／1997年
宇宙からの信号を解読し得られた設計図により建造された宇宙間移動装置

『ドント・ルック・アップ』アダム・マッケイ／2021年
イッシャーウェルがレアメタル獲得のために飛ばしたロケットが
失敗して爆発するのを見守ることしかできないコントロールセンター

タクト』の場合は、SETIつまり地球外知的生命探査プロジェクト、『ドント・ルック・アップ』は惑星防衛調整局という実在の組織の予算削減の話が差し込まれます。

『コンタクト』ではエリーがハデンの企業に自分のプロジェクトを売り込みに行き、それがハデンの目に留まってお金をもらえ、彼女は研究を続けることができる。つまり、私営化（民営化）の論理ですよね。ハデンは、資本主義的な市場で勝ち抜いてきた心ない資本家として登場するけれども、最終的には、彼の行いは人類の役に立ち、その存在は正当化されて死んでいく。政府がうまく遂行できないことを企業が肩代わりするという非常にネオリベ的な図式ですね。

では『ドント・ルック・アップ』はどうかというと、危機に対して政府が対応しようとしたけれども、実は彗星のなかにレアメタルが大量に含まれることが分かって、イッシャーウェルが止めに入り、自分たちで彗星を爆破しレアメタルを獲得するプロジェクトをやろうとして、最終的には失敗する。図式としては途中までは同じなんですよね。しかし、イッシャーウェルの行動は私利私欲のための心なき行動として表象されて、その結果として地球は破滅してしまうし、見つけた楽園でも異星生物に食べられてしまう。非常に皮肉な終わり方をするわけですよね。

つまり、『コンタクト』がベタに肯定していたネオリベ的なものの否定です。ポストネオリベラリズムと呼べるような感性が入っているとも言えますね。

西口 イッシャーウェルのプロジェクトがつぎつぎと失敗していくのは間抜けで、ディザスター映画としては打つ手なしの絶望感を味わうべきシーンなのにどこか痛快という、おかしな気分になりました。そこから振り返ると、『コンタクト』では資本や技術に対する絶対的な信用がありますね。『ドント・ルック・アップ』は、その素朴な「信用」を皮肉っている。そこは対照的というか、時代の変化を感じさせます。

ヒロイン像の変化——ミソジニー描写を通じて

西口 ちょっと「陰謀論」からは話がそれてしまうかもしれませんが、河野さんが『戦う姫、働く少女』（堀之内出版、二〇一七年／増補版 ちくま文庫、二〇二三年）で論じていたヒロイン像の差異についても聞いてみたいです。『コンタクト』の主人公エリーは幼い頃に母親を、次いで父親を亡くしています。そこから、彼女の研究にかける情熱と、小さい頃から両親が宇宙のどこかにいるのではないかと信じてきたことが、深いかかわりがあると物語のなかで示唆されます。このように、ディザスター映画や宇宙を舞台にしたSF物語は、しばしば「核家族の物語」によって観客を感情移入させていく。

しかし、『ドント・ルック・アップ』の主人公ケイトは、生い立ちはあまり描かれず、親との関係は非常に悪そうです。これまでのSFヒロイン像とは少し違う印象をもちます。

河野　家族との関係が唯一描かれていたのは、ケイトが実家に帰ろうとした場面でしたね。両親に玄関を開けてもらえず入れてもらえなかった。父親は「政治の話はナシだ」「家庭まで分断するな」と言い、母親は「彗星がもたらす雇用に期待している」と門前払いです。

『ドント・ルック・アップ』アダム・マッケイ／2021年
実家に帰るが両親に門前払いされるケイト。
後ろには星条旗がはためいている。

西口　田舎の保守的な家庭という感じでした。

河野　星条旗を家の玄関に飾っているのですよね。家に入れてもらえなかったシーンの最後のカットでケイトの後ろに星条旗がはためいている。あの両親が象徴しているのは、アメリカの田舎の保守的な白人のトランプ支持者ですね。

西口　ケイトは高学歴だと思いますが、バリキャリというか、ポストフェミニズム的ヒロインともまた違う雰囲気をもつ女性です。

河野　そうですね。「すべてを持つ」ような、いわゆるポスフェミヒロインの逆をいっています。ブリジット・ジョーンズのように、「ダメ女」ぶりが強調されている印象です。メリル・ストリープが演じた大統領に対しても感じることですが、このような描き方は、コメディを可能にする反面、ミソジニーになってしまう可能性もあります。しかし、ケイトをガラスの天井を破った女性として描くのではリアリティがないのでしょうね。

西口　ミソジニーとの距離については、たしかにこの映画で気になった点でした。アメリカで、ヒラリーが陰謀論者のターゲットになっていることは有名です。リベラル知識人を含む経済界や政府、軍などが結託して「上級国民」として世界を牛耳り、最後に宇宙船で逃げ出すという『ドント・ルック・アップ』のプロットは、陰謀論的な世界観をなぞったようであり、その中心にヒラリーを据えているという点でもベタなミソジニーを再生産しているのかもしれない。評価が難しい部分だと思います。

しかし、物語全体として、陰謀論における黒幕であるはずの人たちがひたすら無能で、黒幕たりえていない。陰謀論を陰謀論たらしめるのは、まさに『コンタクト』のハデンのような黒幕然とした黒幕、絶対的なパワーを感じさせる存在です。それが物語の上で無力化されているのは、『ドント・ルック・アップ』の重要な特徴だと思います。

先ほども触れましたが、『コンタクト』の最後、エリーが聴聞会で「あなたが言っていることには物証がない」などと詰問されるシーンがあります。そのときに、委員長をやっている男性が、宇宙から送られてきた信号もハデンの自作自演による陰謀じゃないのかとほのめかします。つまり、陰謀への疑念が、それまでの物語をひっくり返す余地を残す。『コンタクト』では最後に陰謀論が無批判に顔を出し、それに対して『ドント・ルック・アップ』はベタな陰謀論をなぞるようでも物語との関係はかなり相対化されています。

河野　この映画が面白いのは、『コンタクト』を下敷きにしたようなかたちでこういう物語を作りながら、ネオリベ的なものと陰謀論を同時に批判していく点だと思います。そこに関しては評価したいなと思いますね。

一九九〇年代を代表する陰謀論映画
——『ファイト・クラブ』『マトリックス』『アメリカン・サイコ』

河野　ここで、一九九〇年代の陰謀論映画として『**ファイト・クラブ**』（一九九九年）も見ておきたいと思います。『ファイト・クラブ』では、ブラッド・ピットが演じるタイラーが幻想の人物だったのですが、その原因は、主人公が現代の消費文化にまみれた生活に充実を感じられず、「ファイト・クラブ」での殴り合いで生きている実感を得ようとしたことです。ある意味で、反転されたカウンターカルチャー的な感情のあり方を表現しています。つまり、支配的なリベラルが示す世界観とは別の世界を現実として見ないといけないという感覚です――リベラルが支配的だというのもひとつの陰謀論的世界観ですが。かなり広い意味ですが、陰謀論的な感情構造を表現したものとして重要ではないかと考えています。

西口　『ファイト・クラブ』は、いわゆる労働者階級とはちょっと違う中間層に近い登場人物が、消費社会のなかで生を搾取される状況についての映画だと評価されていますね。上層の労働者が自分が絡めとられているシステムの空しさに覚醒して、その虚飾を剥いでいく。資本主義批判の映画として当時も解釈されていたし、いまでもそういう文脈が有効な作品だと思います。

河野　資本主義と消費文化にまみれた日常生活で生の実感を失っていたサラリーマンの主人公が、別の現実を見出すという構造ですよね。この構造は、同時期に公開された**『マトリックス』**（一九九九年）にも見出すことができます。さらに付け加えると、**『ア**

メリカン・サイコ』（二〇〇〇年）も、白人エリートサラリーマンが裏側で殺人鬼であるという話です。現実の裏側に全く別の現実があるという意味では、『ファイト・クラブ』『マトリックス』『アメリカン・サイコ』の三作品は共通しています。

西口さんのご指摘の通り、それを資本主義批判として読むことができることは大切なポイントでしょう。陰謀論においては、国家などだけではなく資本も世界を裏で支配する重要なアクターとして語られます。そこで難しいのは、正当な資本主義批判とただの陰謀論をどう区分けしていくかということでしょう。陰謀論の定義をあまりに広げすぎると、そもそも批判ができなくなるという問題があります。『ファイト・クラブ』ではその区分けがぐちゃぐちゃになってしまっている。現代的に言うと、左派ポピュリズム（批判）と右派ポピュリズム（陰謀論）の区別がつかなくなってしまう。そこで挙げるべきは『**ジョーカー**』（二〇一九年）でしょうね。ジョーカーが煽動する最後の暴動が体制に対する反乱として読めるのか、それともインセル[3]たちのルサンチマンが爆発した暴力として読めるのか。そういう問題が『ファ

3　インセル（incel）とは、involuntary celibate（不本意な独身者）の略。二〇〇〇年代から伸長した、インターネット上で自分たちがモテないことの恨みを、ミソジニー的な言動によって発散させる人たちの名称。

イト・クラブ』に登場するテロ集団「プロジェクト・メイヘム」にも見て取れるかと思います。

こう考えると、『ファイト・クラブ』は、現代の右派／左派ポピュリズムの問題に重要な先鞭をつけているとも評価できるのかもしれません。

西口　反体制的なものなのか、陰謀論的なものなのかわからないという点で言うと、そのどちらも含んでいる可能性がありますね。運動の渦中にいる人にとってそれが矛盾ではなく、外からもそれが評価されるような状況が、今では一定のリアリティを獲得しているのだと思います。

マルチバースと陰謀論──『マトリックス』とマーベル作品

河野　ところで、最近アメコミ作品などで流行の設定は「マルチバース（多元並行宇宙）」という世界観ですね。これも陰謀論的世界観と深く関わりがあり非常に重要だと思います。

西口　マルチバースは、特に近年のマーベル作品のなかでよく出てくる言葉だと思いますが、正直に言ってあまりよく分かっていません。

河野　マーベルは「マルチバース」という言葉を公式に使っていますね。二〇〇八年以降にマーベルが制作している一連のスーパーヒーロー映画群の世界観はマーベル・シネマティック・ユニバース（MCU）と呼ばれていますが、そこでは、マルチバースが世界観に積極的に導入されていっています。すなわち、これまでのさまざまな作品は、並行宇宙の物語で、それらが相互に交差するようになり、ある意味で同じ世界を実は共有していたんだという展開をしている。

特に面白かったのがスパイダーマン・シリーズの「MCU三部作」のうち**『ファー・フロム・ホーム』**（二〇一九年）、**『ノー・ウェイ・ホーム』**（二〇二一年）の二作です。トニー・スターク（アイアンマン）が死亡してしまったあと、彼と擬似的な父子関係のようなものを結んでいたピーター・パーカー（スパイダーマン）がヒーローとしてどう生きていくのかと悩むということが物語の出発点になるのですが、そこに別のマルチバースからスーパーヒーロー、クエンティン・ベックが現れ、スパイダーマンとともに敵を倒す経験をする。それを通じて、トニー・スタークの面影を彼に見出したピーター・パーカーは、アイアンマンの遺品である人工知能のインターフェイスとなる眼鏡をクエンティン・ベックに託して、彼がアイアンマンの後継者であることを認めます。そこで一気に話が展開して、実は、クエンティン・ベックは、もともとスターク社をクビになった技術者で、スーパーヒーローでも何でもなかったと明らかになります。そして、スターク社の兵器を操作できる眼鏡をピーター・パーカーから手に入れるために、ドローンと立体ホログラム技術を使って敵との偽の戦いを演出していた。つまり、この映画においては、結果としてマルチバースは、ピーター・パーカーを騙すためのポストトゥルース的な虚構なのです。

そして、ピーター・パーカーはクエンティン・ベックを倒すのですが、その映像が世界中に流出し、スパイダーマンの正体がピーター・パーカーであることが露見してしまい、さらに彼がクエンティン・ベックを暴殺したというフェイク・ニュースが広がってしまいます。それを救うのが、魔術系のヒーロー、ドクター・ストレンジです。しかし、その魔法が暴走してマルチバースから敵がいっぱいやってきてしまう。そのやってくる敵が、スパイダーマンの旧シリーズで登場したヴィランたちなのです。つまり、新三部作は当初は旧シリーズとは全く別の世界という設定だったのですが、実はマルチバースという関係にあったことが明らかになる。

直感的には、マルチバースという設定は、いま見ている世界が本物ではないという陰謀論的な世界観に陥ってしまう可能性のある道具ですが、このスパイダーマン作品では、クエンティン・ベックが作った虚構のマルチバースを、ドクター・ストレンジの真実のマルチバースによってひっくり返すことによって、トランプ的な陰謀論とどう戦うかという構図にもってこようとしていると考えることができるかもしれません。

西口 これ以上ないほど簡潔に説明してもらったと思いますが、やはり難しい……。「マルチバース」という設定は、本家オリジナルの二次創作化というか、いかに無限に続編を作るかという商業的な要請が先走っているようにどうしても感じてしまいます。ただ、映画×陰謀論の系譜としてマルチバースを理解するほうが、その世界観の必然性を直感的につかめるのかもしれない。その意味では、『マトリックス』などの影響も遠からずあると言えるのでしょうか。

河野 そうだと思います。

西口 『マトリックス』の世界は、ジョン・カーペンター監督の『**ゼイリブ**』（一九八八年）のような、ある意味で古典的な表層／深層（真相）の二層構造が基本となっています。一方のマルチバースは多元的な並行宇宙ですよね。だとしたら、マルチバースの世界観は、新しいものなのか、それとも昔からあるものなのか、気になります。

河野 基本的に、原理としては一緒だと思います。『マトリックス』の世界観はたしかに二層ですよね。しかし、そこから読み取れてしまう陰謀論的な世界観は、やっぱり自分が見てるものはフェイクであって、別の本当の現実があるんだというところに力点が置かれます。しかも、そのときの「現実」とは、みんなが共有してる現実ではなく、自分にとっての「現実」なのです。だから、現実はもう無数にあっていいんだ、自分にとって本当であればそれでいいんだという方向にいってしまう。つまり、『マトリックス』の世界観は、陰謀論者の論理のもとでは、マルチバース的な世界観に容易に直結してしまうのです。

西口 『マトリックス』的構造から生まれて、それがどんどん多元化していったその状況がマルチバースだということになるのですね。

河野 結果として『マトリックス』は、陰謀論者を喜ばせてしまい、バイブルのような作品になってしまいました。『マトリックス』の冒頭では、主人公が仮想現実から目覚めるレッドピルと、そのまま仮想現実の中で「幸せ」に暮らすことになるブルーピルの選択を迫られ、レッドピルを飲みます。このレッドピルはインセル系の陰謀論者たちの合言葉にまでなりました。しかし、監督のウォシャウスキー姉妹の意図はおそらく全く違っていて、むしろイデオロギー的な幻想から脱して、しっかりした現実を選び取る抵抗のあり方を描くつもりで作っているはずなのですが、皮肉なことに、陰謀論者は完全にひっくり返して、ある種のポストモダン的な相対主義の象徴的な作品として捉えてしまっています。

陰謀論にどう立ち向かうか
──『エブリシング・エブリウェア・オール・アット・ワンス』

河野 マルチバースと陰謀論の論点で、最近の作品をあげるとすれば『**エブリシング・エブリウェア・オール・アット・ワンス**』(二〇二二年、以下『エブエブ』)は外せないですね。マルチバースを機械で操作する描写や、銃弾を止める演出は完全に『マトリックス』のオマージュになっていて、このことは監督のダニエルズも明言しています。

この作品の公開を私はなぜかすごく楽しみにしていて、目玉のTシャツも事前に買っていましたね。

西口 僕も買いました。

河野 映画館に行った当日は寒すぎたのでそのTシャツは着なかったですけれど(笑)。あまり期待が高まると、本編を観てがっかりみたいなことはありえるのですが、『エブエブ』に関しては全然そんなことなくて、自分の期待をさらに超えてくれるような面白さがあって、素晴らしかったと思います。

ポイントとしては、やはりアジア系の俳優や監督が活躍したという点ですね。特に主演のミシェル・ヨーは、マレーシア出身で香港映画で活躍してきた俳優ですが、本作によってアジア系で初めてアカデミー主演女優賞をとったことも注目されました。

しかし、アジア系の活躍ももちろん重要ですが、ここで注目したいのは、『マトリックス』が陥ってしまった陰謀論的なものにどう応答するか、というテーマに取り組んだ作品であるという点です。

西口　主人公のエヴリン（ミシェル・ヨー）は中国系アメリカ人で、さびれたランドリー店を営んでいます。生活は苦しく、家族関係も行き詰っている。夫のウェイモンド（キー・ホイ・クアン）はエヴリンに離婚を切り出すタイミングを窺っていて、娘のジョイ（ステファニー・スー）はおそらく性的マイノリティーなのですがエヴリンはそれを認めようとせず、それぞれ確執があります。老父の誕生日と春節のパーティーの準備で忙しいなか、エヴリンの家族が税務監査を受けるために税務署を訪れると、突然、夫のウェイモンドが豹変して、マルチバースのウェイモンドに乗っ取られる。そこで、実はこの宇宙は、人生のなかでのさまざまな選択によって枝わかれした一つでしかなく、このほかに無数のマルチバースが存在している。ここに現れたウェイモンドは「アルファバース」と呼ばれる宇宙のウェイモンドで、そこではエヴリンが、ほかの宇宙の自己に意識をリンクさせる技術を開発したのだと伝えられます。ウェイモンドによると、ジョブ・トゥパキという悪役がブラックホールのようなものを作り出して、全てのマルチバースを虚無へと吸い込もうとする計画を進めている。それに対して戦えるのはあなただ！ということでエヴリンは戦いに巻き込まれます。

アクション映画として『エブエブ』が面白いのは、その「戦い方」です。ウェイモンドから指定された突飛な行動をすることによって、エヴリンは他のマルチバースにいる異なった能力を持った自分にアクセス（バース・ジャンプ）して、その力を使えるようになる。おしっこを突然もらすとか、税務監査官のディアドラ（ジェイミー・リー・カーティス）に愛の告白をするとか、その奇行が変であればあるほど速く大きくジャンプでき、強くなれる。ウェイモンドと駆け落ちせずにカンフースターになった宇宙にジャンプしてカンフーで戦うのも、『マトリックス』のオマージュだと思います。

河野　とりあえず、そのアクション描写がバカバカしくて笑えるんですよね。そして、ジョブ・トゥパキが実は娘のジョイだったということが明らかになり、物語は大きく転換していきます。アルファバースのジョイは、膨大なマルチバースを覗いたことによって、あらゆる人生の可能性を同時に経験する。すると、何も重要なものはない、全てはクソだという境地にたどり着いてしまった。ジョイがジョブ・トゥパキとして全てのマルチバースに危機をもたらしていたのは、これが動機だった。まさにポストトゥルース的なニヒリズムが象徴的に導入されるわけです。

マルチバース的な世界観を突き詰めていくとニヒリズム、虚無主義に陥ってしまうという、ジョイが体現する展開は、先ほど議論した『マトリックス』に対する陰謀論的な読解と重なっていますよね。『エブエブ』の後半は、それをエヴリンがどのように解決するかという物語になっています。

家族主義的な「愛」に対する違和感

西口　この作品は、ＳＦ的な想像力の使い方が特徴的だと思いました。「いま・ここ」とは全く違う世界をＳＦ的想像力によって描こうとすると、ビジュアル的にも論理的にも緻密に、隅々まで破綻なく世界を立ち上げることに全精力を注ぐことになります。言い方は悪いですが、どこかドヤらざるをえないというか、イキらざるをえない。『マトリックス』もやはりそこで勝負していますが、ただ、ＳＦ的な世界づくりを突き詰めるほど、ある固有の現実を生きる一人の人生の物語という映画の基本的な魅力が削がれていく面もあります。

『エブエブ』の場合は、そもそもＳＦ的に完璧な世界の構築を目指していない。ＳＦ映画の見せ場としてのジャンプシーンで主人公が最もバカバカしい姿になるのが象徴的です。『エブエブ』は、平凡で複雑なこの世界を生きるエヴリンという中年女性のなかで何が起きているのか、それを表現するためだけにＳＦ的な想像力を使っているように感じます。一般的なＳＦ作品とは主従関係が違う。確定申告と税務監査という、人生において最も地味でクリエイティブから遠い一日が物語の舞台であるのも、こうした作品の意図によるのでしょう。

河野 まさに、エヴリンの人生や家族をめぐる葛藤を描く作品であるということは、物語のラストにも色濃く出ていますね。

西口 最終的に、ジョイに対するエヴリンの「愛」が物語の出口になっていますね。ただ、これに対しては、「結局、家族主義じゃん」という批判的な感想も多く出てきています。

河野 「私はあんたの母親よ！」と言ってジョイを救うところですよね。たしかに家族主義であるのは否定しようがないです。とはいえ、家族主義は、ほぼ全てのハリウッド映画に当てはまる特徴なので、この映画について特に批判して、作品全体の価値を毀損してもしょうがないという気もしています。

『エブリシング・エブリウェア・オール・アット・ワンス』
ダニエル・クワン＋ダニエル・シャイナート／2022年
ジョブトゥパキになったジョイを救おうとするエヴリン

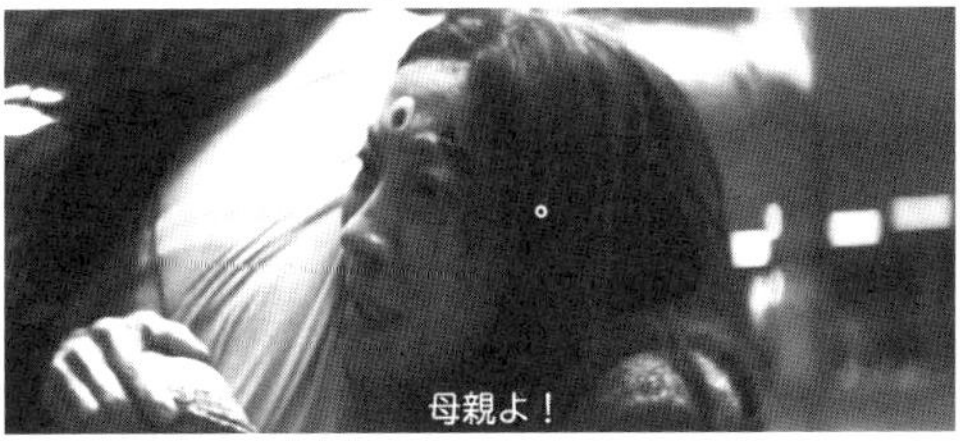

むしろ私は、家族主義的な解決にすぐに行かなかった点に注目したいですね。クライマックスで、エヴリンがジョイを手放すのか、家族として引き戻すのか、逡巡するシーンが非常に長くなかったですか。あの長さが重要だと思うのです。

往々にして陰謀論者は、いまの現実はフェイクであると勇み足で断定してしまうという特徴があります。それに対して、エヴリンは、いったんはジョイを否定するのですが、そのことに逡巡するという往復運動のプロセスがあるからこそ、最後の選択が重要になってくるという描写になっています。

もう一つ、大切なポイントをあげるとすれば、やっぱりケアの物語だったという点ですよね。エヴリンが最初のジャンプのために、税務監査官のディアドラに「愛してる」と言うシーンがありますが、実はそれは、重要な伏線になっています。

西口 人類の指がソーセージでできている世界ですね。そこでは、ディアドラとエヴリンが、同性カップルである設定になっています。

河野 そこで敵同士で激戦を繰り広げているディアドラとエヴリンが、親密な関係になる可能性があったということが示されます。そして、物語の最後、差し押さえするためにディアドラがクリーニング店を訪れるシーンで、ウェイモンドがディアドラに、エヴリンと離婚しようとしているという話をする。それに対して、ディアドラは、自分も実は離婚された経験があるという話を打ち明けて、エヴリンに同情して差し押さえをやめるという展開になります。離婚された経験を持つディアドラと、いま離婚の危機にあるエヴリンの間に、ある種の共感と連帯が生じることによって解決に向かうのです。

家族主義的という批判は理解できるのですが、それは物語の一側面しか見てないのではないでしょうか。ディアドラという敵とのあ

『エブリシング・エブリウェア・オール・アット・ワンス』
ダニエル・クワン＋ダニエル・シャイナート／2022年
指がソーセージの世界で愛し合うエヴリンとディアドラ（上）
差し押さえ現場でエヴリンに語りかけるディアドラ（下）

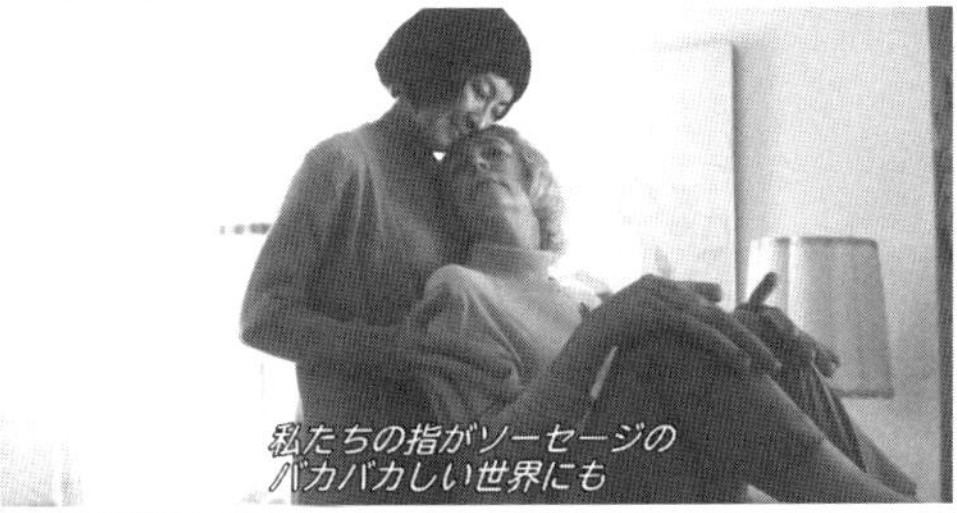
私たちの指がソーセージの
バカバカしい世界にも

私も夫に書類を見せられた

いだに「愛」が見出されるという展開は、家族主義に収まるものではありません。家族への愛と敵への愛が等価で並べられるというところはすごく重要で、陰謀論に落ち込む可能性を超えて、他者への愛を結論に持ってきたこの映画は、マルチバースの物語の果てを見せてくれたという点で、素晴らしい作品だと感じます。

さまざまな映画オマージュが持つ意味

西口　すでに触れたように『エブエブ』にはさまざまな映画の引用・オマージュがちりばめられ、この作品自体が一つの映画論になっていると思います。すべてを正確に数え上げるのも難しいほどですが、たとえば税務監査官のディアドラの髪型やたたずまいからは、伊丹十三監督『**マルサの女**』（一九八七年）で国税局の税務調査官を演じた宮本信子を想起します。

私たちが観客として新作を観るときも、意識的か無意識的かはともかく、これまで観た無数の映画に影響されながら観ていますよね。新作映画も過去の映画を参照して作られ、それが何度もループ・再生されて観客の想像力に影響を与え続けている。自分の人生を振り返って「もっと別の人生の可能性があったはずだ」と誰もが考えますが、そうした想像力自体が映画的です。『エブエブ』が過去の無数の映画の断片で組み上げられていることと、それによって語られるのがエヴリンにありえた無数の人生の物語であることは、一体の関係にあります。小説などの文学作品と同じく、映画も一つのテクストであるということが示されている。

エヴリンを演じる俳優ミシェル・ヨーの実際のキャリアをなぞるかのようなマルチバースもあります。俳優は、観客一人ひとりにありえたかもしれない無数の人生の可能性を生きる仕事ともいえます。生身の身体を媒介にして、観客の想像力に働きかける。ベテランの俳優であるほど、現在与えられた役だけでなく過去に演じたたくさんの役が文脈となって、新しいキャラクターをつくる。ウェイモンド役のキー・ホイ・クァンは、ベトナム戦争のサイゴン陥落後にベトナムからアメリカに渡ってきた中国系移民です。『**インディ・ジョーンズ　魔宮の伝説**』（一九八四年）や『**グーニーズ**』（一九八五年）で子役として世界的に有名になったあと、長らく俳優業を休んで今作で復帰したという彼の経歴も、アルファバースのウェイモンドのあり方とどこかリンクしている。この作品自体が、映画論でもあり、俳優論にもなっているというところが非常に面白かったです。

河野 繰り返しになりますが、マルチバースものは、固定した現実など存在しないというポストトゥルース的な陰謀論に傾いていってしまう傾向があります。それに対して、いま西口さんが指摘されたような特徴は、それに対する反発になっていますね。つまり映画というものは、現実に厳然と存在している自分や他者の人生に影響を及ぼしているし、それによって生きている人たちもいる。そういう意味での「テクストとしての映画」が、マルチバースのなかで扱われているのはすごく重要なポイントです。たしかに、そのために現実のミシェル・ヨーの人生を彷彿とさせる世界を導入したというのは、なるほどなと思いました。

まさにそれが、単なるＳＦ的な面白設定ありきでマルチバース設定にしたのではなく、表現したいものを描くための必然的な設定であるということの説明になっていると思います。

ありえた可能性のなかで最低の人生

河野 ニヒリズムの問題とも関わって、重要だと思う描写をもう一つ挙げておきます。数限りないマルチバースにいる数限りないエヴリンのなかから、アルファ・バースのウェイモンドはなぜ自分を選んだのか、とエヴリンが聞いたとき、「君がありえた人生のなかでも最低の人生だからだ」と答えるんですよね。けっこうひどい答えですが、この意味はとても重要だと思います。

実は、これはおそらく多くの人が感じていることではないかと思います。たとえば、お金持ちになったりして幸せな生活を送ってるように見える人でさえも、自分の人生は、ありえた人生の中では最悪なんじゃないかとどこかで感じているのではないかと思うのですが、これは言い過ぎかな?

西口 いや、そうかもしれないです。

河野　そういうことってありますよね。たとえば、いま問題になっている「有害な男性性」についても、ポストフェミニズム的な女性に対するポピュラー・ミソジニー的なものを募らせてしまうタイプの男性の心の中で起こっていることはこれと同じなのではないかと思うのです。客観的には男性特権を持っているように見えるけれど、本人は、自分の人生は最低だと実は思っちゃっている。それはキラキラ活躍する女性たちのせいだ、みたいな方向にいってしまう。

それに対して、この最低の人生を生きるエヴリンは、折り合いをつけているようにも解釈できます。自分の人生は、ありえたなかで最低なんだけどでも、自分に与えられているのはこの人生であって、選びようがない。そしてそれを積極的に選びとっていくというところまで、エヴリンは至っているのではないでしょうか。その点も、選択の余地のない選択をシリーズのラストでせざるをえなかったネオ（キアヌ・リーブス）を描く『マトリックス』とは、実は対照的に作られていますね。

映画は常に陰謀論と隣り合う

西口　ここまで「陰謀論」というキーワードで話して、あらためて、映画というのは陰謀を描くものであり、そのストーリーにとって陰謀は大切で、いま私たちがイメージする「陰謀」のあり方そのものが映画的なのかもしれないと思いました。私たちの現実の社会の言説が、映画的な陰謀を真に受けすぎているのかもしれない、とも感じます。

河野　トランプ主義が過激化し、陰謀論が世界的に現実的な問題となっているなかで、映画の面白さが実は陰謀論に大きく依存していることにどう対峙するか、という問題ですね。しかし、逆に言えば、陰謀論を原理とする映画を読む方法を学ぶこととは、陰謀論的なものへの抵抗力を育てる方法でもあると言えるかもしれません。先ほど言及した『マトリックス』などはまさに陰謀論的世界観を煎じ詰めて見事に物語化したという意味で素晴らしく、インパクトを持ちえました。陰謀論がエンタメの世界を超えて影響力を持っている時代において、現実と陰謀論をどう区分けしていくかという課題へのヒントを、他ならぬ映画が与えてくれるのかもしれません。

（対話5）

それは誰のための映画か

――障害と物語

コーダ あいのうた
CODA

監 シアン・ヘダー／112分／米・仏・カナダ／2021年

STORY　海の町で暮らす高校生のルビーは、両親と兄の四人家族のなかで一人だけ耳が聴こえる。ルビーは幼い頃から〝通訳〟となり、家業の漁業も毎日欠かさず手伝っていた。新学期、ルビーは合唱の授業を選択し、そこで顧問がルビーの歌の才能に気づき、都会の名門音楽大学の受験を強く勧められる。しかし、両親は、家業のほうが大事だと大反対。悩んだルビーは夢よりも家族の助けを続けることを選ぶと決めるが……。

リトル・ダンサー
Billy Elliot

監 スティーブン・ダルドリー／111分／英／2000年

STORY　一九八四年、イギリスの炭坑町に住む少年ビリーは、偶然目にしたバレエ教室に惹かれ、女の子たちに混じって練習するうちに夢中になる。しかし大事なお金をバレエに使うことを知った父は激怒し、教室通いを禁じる。指導していたウィルキンソン先生は、ビリーにロイヤル・バレエ学校のオーディションを受けさせたい一心で無料の個人レッスンをおこなうが、オーディションの朝、炭坑夫の兄トニーがスト中に逮捕される。

私だけ聴こえる

監 松井至／76分／日本／2022年

STORY　「コーダ」という言葉が生まれたアメリカで、コーダ・コミュニティを取材した初めての長編ドキュメンタリー。一五歳というアイデンティティ形成期の多感な時期を過ごすコーダの子どもたちの三年間を追う。聞こえる世界にもろうの世界にも居場所のない彼らは、一年に一度の〝CODAサマーキャンプ〟の時だけ、ありのままの自分を解放し無邪気な子供に戻れる。

二〇二二年六月八日収録

障害を扱った「感動作」――『コーダ あいのうた』

西口　二〇二二年の米アカデミー賞で主要三部門を受賞した『**コーダ あいのうた**』（二〇二一年）は、日本でも話題になりました。僕は前情報なしで観に行ったのですが、ろう者の家族と歌という題材でこれほど爽やかで力強い、新しい青春映画が作れるのかと感銘を受けました。そして観た後しばらく、自分の感動の意味について考えさせられる作品でもありました。

折しも、河野さんは二〇二二年五月に刊行された新著『新しい声を聞くぼくたち』（講談社、二〇二二年）で、「男性性」という主題と「障害」との関係性を論じられています。そこで、今回は『コーダ』を入口に、映画と「障害」の表象について考えてみたいと思います。

河野　正直、いままで観た映画のなかでいちばん泣きましたね。劇場で大変でした（笑）。

ラストまで感動させられて、素晴らしかったです。しかし、一旦ちょっと冷静になって、なぜこんなに感動するんだろう、というところは考えなければいけないと思っています。

感動のために障害者を搾取していないかを考える

西口 この映画は、いわゆる「ろう者」(聴覚障害者)で漁業を営んでいるロッシ家のなかで、一人だけ耳が聴こえる娘ルビー(エミリア・ジョーンズ)の成長を描いています。子どもが何らかの才能を見出され、次のステップへ進むことで生まれ育った家族やコミュニティのもとを離れていく、**『リトル・ダンサー』**(二〇〇〇年)などにも見られるオーソドックスな物語の型を踏襲していますね。ルビーは、幼い頃から家業である漁を手伝ったり、手話通訳をしたりと、聴者中心の社会で家族が暮らすために欠かせない役割を担ってきました。そんななか、風変わりな音楽教師に歌の才能を見出されて、名門音楽学校への進学をめざして集中レッスンを受け、最終的に家族や町から出ていくという物語です。

耳の聴こえない家族と暮らしてきた主人公が音楽の才能を開花させるという展開はとても皮肉です。『リトル・ダンサー』は、マッチョな炭鉱コミュニティのなかで主人公の少年ビリー（ジェイミー・ベル）がバレエダンサーを目指すという構造でしたが、ろうコミュニティのなかでの「歌」は、それにも増して悲劇の様相を帯びている。それにもかかわらず、なぜこんなにも爽やかなのか……（笑）。

河野 障害を描く映画で爽やかさを感じたり感動したりしたときにまず警戒しなければならないのは、いわゆる「健常者」である私たちが感動するという図式が、障害者に対する搾取になってしまっている可能性はないか、という点です。文学論のなかでナラティブ・プロテーゼ（narrative prosthesis）という言葉がありまして［1］、直訳すると、物語上の補綴（義足や義手など）。これは二面的な用語で、一方では障害者を物語のために使い搾取することの問題性を指摘する言葉です。障害者や障害を扱う物語には、障害者を利用する側面がどうしても生じてしまいます。物語のために都合

1　David T. Mitchell and Sharon L. Snyder. *Narrative Prosthesis: Disability and the Dependencies of Discourse.* The University of Michigan Press, 2000

よく障害者を使って、健常者が感動できるような物語を紡いでしまっていないか、作品を鑑賞したあとに考えなくてはいけないということはよくあります。

西口　マジョリティの「感動」のためにマイノリティを搾取・消費する物語になっていないか、という問題はここまでも話題にしてきましたが、『コーダ』を評価する際にも重要なポイントですよね。自分の生まれ育ったコミュニティを出て別のコミュニティに参入していく経験は、とても普遍性のある物語として共感や感動を呼びやすい面がありますが、『コーダ』には障害者とその家族という固有のモチーフがある。障害という経験は、当事者にとっては生きるうえでの具体的な経験の積み重ねであって、誰にでも分かるように一般化したり、解釈できるほどに外から理解したりすることはできないのではないか、と僕は思っています。言い換えれば、「障害」には安易な物語化を拒むところがある。それでは、僕は何に感動しているのだろうと、いまもわりと戸惑っているところがあります。この問題は「この映画は誰のためにつくられたのか」という問いとも関わってきます。

『コーダ』は誰のための映画か？

河野　結論から言ってしまえば、『コーダ』は、稀有なかたちで搾取がなされていないのではないか、という気がするのです。先ほど「ナラティブ・プロテーゼ」というのは二面的だと言いましたが、障害者の利用という以外に、全く逆に、障害という要素や経験が物語に他ではありえないような力を与えているという肯定的な意味にもなりえます。『コーダ』の場合はそれが起きているのではないかと。

当初、『コーダ』の口コミでは、当事者が演じており手話にリアリティがあるというところがすごく強調されていました。そのため「これはろう者のための映画かな」と思って観に行ったんです。ところが、必ずしもそうではない。そう言えるのは、この映画の見せ場の一つでもある、校内の合唱の発表会でルビーがパートナーのマイルズ（フェルディア・ウォルシュ＝ピーロ）と二人で歌う場面の演出です。ここでルビーの歌声が突如スーッと消えていき、両親と兄が経験している、音のない世界に切り替わる。つまり、ろう者は、こういうふうに世界を感じているという経験を観客に共有させるのです。この演出は、音が聞こえないという演出は聴者にしか体験できないのですから、完全に聴者のためのものです。だから「これは聴者のための映画だな」と理解できる。

西口　聴覚障害者向け字幕ではきっと「急に音が消える」という演出をフォローしているので、ろう者がその演出の意味を理解することはできるけど、それが聴者に向けた演出であることは確かですね。あのシーンはその意味で上手にねじれています。スクリーンのなかで聴者の社会に疎外されているろう者に感情移入させるために、スクリーンの外にいる聴者の観客に直接働きかけ、その隣にいるはずのろう者の観客

『コーダ　あいのうた』シアン・ヘダー／2021年
ルビーの歌の発表会の途中で、
ろうの両親の視点に切り替わり、音も消えていく。

の直感には訴えかけない。
と同時に、聴者の観客として、「素晴らしい歌の最中に、音が消えることで、ろう者の世界を追体験して下さい」という演出の素朴さが浮きたってしまう部分も感じました。その素朴さによって、逆にというか、この映画は誰のために作られているんだろうと聴者の観客に思わせてしまう面もあります。あの演出はオリジナル版のフランス映画『**エール!**』（二〇一四年）を忠実に踏襲するものでした。

健常者向け／障害者向けという線引きの先に

河野 ただし、聴者のための映画だからダメだ、と言っているわけではありません。重要なのは、「コーダ」という人びとの存在そのものなのです。これに関連して、『コーダ』に対する認識が変化したきっかけが、同時期に公開されたドキュメンタリー映画『**私だけ聴こえる**』（二〇二二年）を観たことでした。

西口 そもそも「CODA（コーダ）」とは、耳が聴こえない、あるいは聴こえにくい親を持つ、聴こえる子どもを指す言葉で、Children of Deaf Adults の略です。『私だけ聴こえる』は、アメリカで開催されているコーダが集まるサマー・キャンプと、そこに集まった十代のコーダたちを日本の映画監督・松井至が追ったドキュメンタリーですね。

河野 『私だけ聴こえる』では、コーダたちが普遍的に抱えている悩みが切実に描かれています。さらに、『私だけ聴こえる』のパンフレットに寄稿されていた五十嵐大さんの著書『ろうの両親から生まれたぼくが聴こえる世界と聴こえない世界を行き来して考えた30のこと』(幻冬舎、二〇二一年)なども読んでつくづく分かったのが、ろう者たちには障害者としてのアイデンティティがある一方で、コーダは、孤立していることが多いということです。ろう者でもないけれども、聴者とも決定的に違う存在で、独自の文化や世界が存在する。しかし、「コーダ」という名付けがなされるまでは、存在が認められない苦境にありました――いまでも日本ではコーダが自分をコーダと名指すことに抵抗があるそうです。ある意味で特殊なアイデンティティを持っている人たちなのです。サマー・キャンプに集まる子供たちは、自分ひとりのものだと思っていたコーダとしての経験が共通のものだと気づいて、そこにコミュニティが生まれます。そこが感動的です。

そこで気づかされたのは、実は『コーダ』はコーダのための映画なんだということです。障害者／健常者という二者択一にとらわれて、それに気づかずにいたのですよね。

西口　私たちマジョリティが「障害者に向けた／健常者に向けた」という線引きでしか考えられないこと自体が、コーダのつらさを生み出しているとも言えます。それが『私だけ聴こえる』が発する重要なメッセージだと受けとめました。

河野　その観点からして、『コーダ』は非常に誠実につくられている作品だと言えます。『コーダ』というタイトルの意味も理解できますし、作品から得られる感動の源は、コーダという経験にあったということが、『私だけ聴こえる』を観たときによく分かりました。

西口　『コーダ』では、ルビーが一人で過ごす森に囲まれた湖が印象的でした。そこは、学校からも家庭からも切り離された、余計なものが入ってこない静かな空間です。自分の大事な人を連れてくることもできる。オリジナル版の『エール！』にはそれに相当する場所はなく、『コーダ』における重要な改変の一つだと思います。あの場所の意味を考えたとき、たんに青春映画的な場所のようでいて、聴者とろう者の二つの世界のはざまにいるコーダの主人公の心象風景であり、切実に必要なスペースなのではないかと思いました。

河野　あれは、彼女に与えられていないコーダの集団性やコミュニティの代替物だと私には読めます。『私だけ聴こえる』で一番印象に残ったのは、先ほど述べた、サマー・キャンプで見いだされるコーダたちの共同性です。五十嵐大さんの経験を参照すると、彼もある時点までは、自分のように、両親ともろう者で、ヤング・ケアラーとしての役割を求められる存在は世界で一人だと思い込み孤立していた。しかし「コーダ」という言葉を知り、自分だけじゃなかったことが救いになったと著書に書いています。それと同じように、『私だけ聴こえる』に登場するコーダたちは、コーダ・キャンプで同じ境遇にいる者と出会い、集団性を確認できました。そこでは、コーダというアイデンティティと、それに基づいた集団性が与えられている。これは『コーダ』のルビーには物語上、最後まで与えられなかったものですが、湖のシーンはその代替ですね。

コミュニティからの離脱をどう描くか
――『リトル・ダンサー』と『コーダ』

河野 もちろん「コーダのための映画だ」というのは、コーダだけが観ればいいということではなくて、ある種の普遍性を獲得しているわけですよね。西口さんが最初に指摘されたように、生まれ育ったコミュニティから離れていくという典型的な成長物語が幅広い人々に感動を呼び起こしている面はあります。

ただ、コミュニティという主題においては、『リトル・ダンサー』と『コーダ』はまったく逆の作品になっていると思ったんです。『リトル・ダンサー』は舞台が一九八〇年代の炭鉱で、サッチャーが推し進める炭鉱閉鎖計画に対して炭鉱労働者が大規模なストライキで闘っていた時代です。主人公のビリー・エリオットは、非常にマッチョな炭鉱コミュニティのなかで、バレエのダンサーを目指して周囲から孤立します。そういった環境から離脱していく物語なのですね。

西口　『リトル・ダンサー』は炭鉱コミュニティを終わりゆくものとして描いていますよね。

河野　労働者コミュニティを否定するという構図は、結果として労働者を弾圧したサッチャーを肯定することになってしまう。コミュニティから一人離れていって、場合によっては階級上昇するという物語は、一九世紀から二〇世紀にかけてイギリス文学で発展した物語パターンです。それに対して、ケン・ローチの監督作（対話3、11参照）は、労働者階級コミュニティの負の側面も描きつつも、しかしそこから理想的に逃げ出すこともできない現実を突きつける作品で、『リトル・ダンサー』的な、労働者階級コミュニティを否定する物語パターンに対するアンチテーゼと位置づけられます。

このような文脈のなかで『コーダ』の位置づけを考えると、表面的には、ろう者である家族から離脱して「階級上昇」――表面上は「自己実現」として表現されますが――する物語ではある。しかし、『リトル・ダンサー』が炭鉱コミュニティを否定したようなかたちで、生まれ育ったコミュニティを否定しているかというと、そうではありません。

西口 家族に対するルビーの視点は、音楽学校の入試で家族に向けて歌う場面で表現されていました。ルビーが歌ったのは、ジョニ・ミッチェルの「青春の光と影（Both Sides Now）」ですね。

河野 そうでしたね。原作の『エール！』では、旅立ち自由になることをテーマにしたフランスの歌でしたが、『コーダ』ではうまく変更されていました。歌詞には、"I've looked at clouds from both sides now" すなわち「両側から物事を見られるようになった」という主旨のフレーズが使われていますが、まさに、コーダであるルビーのあの瞬間の立ち位置を象徴しています。彼女は、ろう者の家族を見ると同時に、そこから離れていく自分も見つめるという、二重の視点を獲得する。単純に、自分が離れるコミュニティを否定して、そこから自由になるという宣言ではなく、さらに大人な視点を獲得していますね。

西口 一九六〇年代の終わりに書かれたこの歌を、ルビーがろう者と聴者の「両側 both sides」という新たな意味を吹き込んで家族に向けて歌うクライマックスは、どうしたって泣かせます……。

河野 あのオーディションの歌の変更はすごくいいですよね……。

西口 話を戻すと(笑)、『リトル・ダンサー』の炭鉱の町は終わりゆくものとして描かれ

『コーダ　あいのうた』シアン・ヘダー／2021年
ジョニ・ミッチェルの「青春の光と影(Both Sides Now)」を手話も交えて歌うルビー(上)と、その様子を見守る家族(下)。

るのに対して、ルビーが住む街では、主要産業の漁業の行き詰まり感に対して自分たちで協同組合を作るなどの新しい可能性が示されています。その展開は主人公が家族を見捨てるのではなくきれいに去っていくための物語上の要請という面があり、若干とってつけたような感じはありましたけど、『リトル・ダンサー』とは明確に違う点ですね。

河野 手話通訳や仕事の手伝いを担っていたヤング・ケアラーとしての彼女がいなくなったあとどうなるのかという問題は残されているのかもしれませんが、そのコミュニティは否定されてない。それと同時に、ルビーは自分の道もちゃんと歩んでいくという解決ですね。

新自由主義下の障害者政策

河野 コーダであるルビーに注目して話してきましたが、加えて重要だと思うのは父親の描写です。『エール!』と『コーダ』で設定が大きく変更されているポイントでもあります。

『エール!』の舞台はフランスの田舎町で、主人公ポーラ(ルアンヌ・エメラ)の家族は、牛を飼ってチーズを生産する畜産業を営んでいます。ある日、村長が農地や森林を工場に転用するプロジェクトを発表し、自分の農地が奪われることを危惧したポーラの父は、対抗するために村長選挙に立候補します。

西口 選挙演説会の場面で、ポーラが歌のレッスンのために通訳に来られず、慣れていない通訳が担当したため、父親は村民の質問にうまく答えられなくていらつき暴言を吐いてしまいます。つまり、ポーラの不在によって家族が機能不全に陥る。『エール!』の村長選挙のくだりは、それくらいしか意味はなかったように感じました。

河野 おっしゃる通り、『エール!』の村長選挙は、その後のポーラの物語とうまく組み合わさっておらず、途中でうやむやになる消化不良な展開です。それに対して『コーダ』でそれに相当する展開は、海産物の流通を自分たちでコントロールする協同組合をつくろうとするところです。政府の規制が厳しくなり金銭的に圧迫されるなか、ルビーの家族は魚市場で魚を非常に安く買い叩かれていました。協同組合は、それを打破するために兄が思いついたアイデアですね。この展開は、その後のルビーの自立とコミュニティの発展というプロットと効果的に組み合わさっています。

しかし、この違いは、映画の成功・失敗とは別の水準でとらえる必要があります。『新しい声を聞くぼくたち』のなかでも議論しているのですが、新自由主義のもとでの障害者政策の問題が反映されているのではないかと考えています。ここではハンセン病療養所などの研究をされている有薗真代さんの議論［2］に依拠します。旧来の障害者政策は、ハンセン病療養者が象徴的な事例ですが、施設に入れるなどして社会に出ていくことを制し「保護」するのが主流でした。しかし一九九〇年代以降は大きく転換し、障害者もできるだけ市場で労働者として働きなさいというワークフェアもしくはウェルフェア・トゥ・ワーク的な流れがはじまります。ハンセン病療養者も「脱施設化」が進められました。かつては障害者運動が強く求め

―2　有薗真代『ハンセン病療養所を生きる――隔離壁を砦に』世界思想社、二〇一七年

てきた脱施設化を、新自由主義のもとでは逆に政府のほうが推進しています。

そのうえで整理すると、『エール！』の父が村長選挙に立候補するのは、「政治」にフォーカスした展開です。それに対して、『コーダ』は、仲間の漁師たちと一緒に協同組合をつくって魚の流通を変革するという「市場」や「経済」にフォーカスした展開に改変されています。この改変には、障害者福祉など政治（もしくは行政）が担う領域を縮小させて、市場のなかで働きイノベーションを起こして、うまくやっていくことのほうが障害者にとって良いという新自由主義的なイデオロギーが作用してしまっているのではないかと懸念しています。

西口　文字通り協同「組合」は漁師たちの生活を守るためのユニオン的な実践で、個人的にはシンパシーがありますが、それでもこの展開には外から与えられた「解決策」のような引っ掛かりがありました。

『エール！』の演説会の失敗に対応する場面に、『コーダ』ではルビーが船に乗らなかった日のトラブル——船に備え付けられた緊急信号の警告音が聴こえず、停船指示を守れなかった事件——がありますよね。あの場面も、家族がいかにルビーに全面的に依存しているかを分かりやすく描いていますが、しかしふと思うのは、それまでも風邪などの体調不良でルビーが乗船できない日は必ずあったはずだということです。ルビー抜きでは適法に漁を継続できない体制をあの誇り高き家族が容認するのか、それよりきっと船内設備を創意工夫するのではないかと思ってしまいました。その場面の説得力の弱さと、協同組合の「イノベーション」的なノリの違和感が自分のなかで繋がっていたのだと、河野さんがおっしゃった文脈で整理できました。

社会がつくりだす障害

河野 今回のテーマが「障害」なので、障害学の基本的な流れもおさえておきたいと思います。強調したいのは、インペアメント（impairment）とディスアビリティ（disability）の差異です。インペアメントは、「客観的」に身体に存在するとされる障害のことです。それに対してディスアビリティは、障害は身体の側に存在するのではなく、社会のほうに存在するという概念です。たとえば、段差がありそれを越えられない人がいるとき、その人の身体に障害があると捉えるのではなく、その段差をつくっている社会のほうに障害があるんだと考える。つまり、障害は社会がつくりだしているのです。このディスアビリティの考え方に基づくのが、「障害の社会モデル」と呼ばれるものです。それは、ジェンダー論における社会構築主義にも近づきますね。

澁谷智子さんの著書『コーダの世界――手話の文化と声の文化』（医学書院、二〇〇九年）は、コーダとろう者のコミュニティへの参与観察をまとめた非常に面白い本です。これによると、ろう者は手話を使うということ以外にも、さまざまな文化的差異がある。たとえば、人をずっと見つめてしまうとか、旅行の準備をするときに、聴者は頭で持ち物リストを思い浮かべて必要なものを用意すると思いますが、ろう者は頭のなかに旅行の様子を映像的に思い浮かべて、この日はどこに行くからこれが必要だというふうに準備をしていくらしいです。このような特殊な行動をろう者だけではなくコーダもする。そこへ聴者である澁谷さんが入っていったとき、逆にそこでは澁谷さんが「障害者」になってしまうのです。手話で話しているコミュニティに手話を知らない聴者が入れば、そちらのほうが「障害者」です。つまり、ろう者やコーダが持つコミュニティや文化と言うときには、決して比喩的な表現ではなく、「健常者」の文化と対等なものが存在していると考えなければなりません。

一般化できない経験にどう向き合うか

西口 最初の話に戻ってしまうようですが、「健常者」が『コーダ』や『私だけ聴こえる』といった作品を通じてろう文化やコーダという存在を考えるときに受ける感銘とか感動というのは、かなり構造化されたものであるなあと思います。「これは私の経験ではないが、私の経験を照らす身近なものでもある」というようなかたちで、障害についての個々のエピソードが抽象化され一般化されていかざるをえない。その過程で「共感」や「感動」が生まれる。

ただ、ろう文化はろう文化であって、コーダの世界はコーダの世界で、それ以上に一般化されると意味が変わってしまう側面もあるような気がします。そうした物語化や一般論化による弊害に着目すれば、ろうの文化はろうの文化で聴者には決して理解できない、商業化された物語として消費されると本来の大切なものが失われるといった批判もつねにあると思う。対極に、聴者の側が「これは私たちの物語だ」と葛藤なく思ってしまういびつさがあるのかもしれない。そのどちらにも振り切れることなく、『コーダ』を読み解いていくバランスについて考えたいなと。

『私だけ聴こえる』上映後の松井至監督のティーチインで、観客のなかのろうの女性が手話で語っていた話が印象的でした。彼女には三人の息子がいて、三人とも聴者です。彼らを育てるのが大変だったのはこの映画と同じだけど、息子たちはこの映画のコーダのように手話が流暢ではない、とおっしゃっていました。それは、息子たちを通訳として育てたのではなくて、息子たち自身の人生のために育てたからだ、コーダは誰しもが手話ができるわけではないことは知っておいてほしい、と。

そのコメントを聞いて、やはり障害は個別具体的なものであって、それを何かしらのかたちで一般化した途端に現実からずれてしまうところが必ずあるのだろうと感じました。

河野 すごくよくわかる話ですね。おっしゃる通り、コーダの経験を普遍化して、自分の経験にしてはいけないし、それは原理的にできない。

『私だけ聴こえる』を観たとき、率直な感想を言ってしまえば、コーダたちの共同性が羨ましいと思っちゃったんです。この理想的な共同体に、自分も入りたいという欲望ですね。しかし、コーダではない私がそう考えるのは非常に危険なことで、あの共同性を肯定するのは本人たちにしか許されない。

コーダというのは、身体的に見れば聴者であり健常者にカテゴライズされますが、現在の社会においては、ディスアビリティとしての障害を負っていると言えます。それがキャンプのなかでは消え去る瞬間がある。だからこそ、そこでコーダたちは、すごく生き生きとしているわけです。ただ、それを、コーダたちの苦しみを生み出している社会に住む私たちが外側から肯定してしまっていいのか。

「私の物語は私のもので、コーダにしかわからない」

西口　これも松井監督が解説されていて、パンフレットにも書かれていた話ですが、長編映画を制作する前に資金調達のための短い映像を準備して、当初はコーダの若者たちのなかでナイラを取材していたそうです。そのパイロット版の映像では、彼女の居場所のなさや、「デフ（ろう）になりたい」という思いを非常にドラマチックに描いた。すると、その映像を観たナイラから「かわいそうな人と思われたくない」というメッセージが来た。私の物語は私のもので、コーダにしかわからないと。

河野 その話は私も聴きました。印象深かったのは、いったん監督は映画の制作をほとんど諦めかけたそうです。ところが、ナイラのお父さんから励ましのメールが来て、そこで制作方法を変えた。ドキュメンタリーというのは、ある程度の物語を作っておいて、そのための素材を集めるという手法をとることが多いですが、それを手放したのですよね。ナイラたちに、「君たちがディレクターになってくれ」と言い、撮影日に長い打ち合わせをしては撮っていくという方法を取ったそうです。

理論的に整理すると、体に障害があると捉えるインペアメントと社会に障害があると考えるディスアビリティの二項対立が崩れるということになるかもしれません。障害学では、社会構築的なディスアビリティ概念を中心に議論をしてきましたが、最近それに対する反省の流れがあるようです。社会的に構築されていると言っても、身体的なものは現実に存在する。それを軽視していいのか？ということですね。「私の物語は私のもの」というのは、社会構築主義的な議論では説明しきれないもの、掬いきれない個別性や身体性があるということを表現した声のように感じました。

これに関しては**『英国王のスピーチ』**（二〇一〇年）という映画を想起します。この映画はオーストラリア人の医師が英国王の吃音を治療するというストーリーで、結末では吃音をほぼ克服して国民への見事なスピーチをする。この映画の中盤で、治療のために過去のトラウマを探ろうとする医師に対して気分を害した英国王が「これは私の吃音だ」と言い返す描写があります。治療の対象とされることを拒否して、このインペアメントは自分のものであると肯定しようとすることは、ナイラの発言ともどこかでつながっているように感じました。

「ろう者として生まれたかった」は何を意味するのか

西口　僕も彼女の言葉から『英国王のスピーチ』のその台詞を連想しました。

長期間にわたる取材の過程で、ナイラは「デフとして生まれたかった」という言葉を自分で否定していきますね。コーダは本当はろう者として生まれたいのではなく、一つの居場所が欲しいだけだ、と。その言葉がすごく胸に残りました。ろう者と聴者の二つのコミュニティのあいだで引き裂かれてきたコーダのあり方を端的に伝える言葉です。それは撮影の当初に意図されていた「悲劇的なコーダ」の物語化に対するナイラ自身の批判を経て生まれた言葉ですよね。「たしかに私はそう言ったけど、外から物語化されることは違う」というような。だとすれば、外部からの物語化というのは、一種の暴力ではあるものの、それをただ否定するのではなく、そのあとに関係構築や対話の継続が起こるかどうかを見るべきなのかなと思います。

これが誰のための映画なのかという話に戻ると、もちろんコーダのための映画なんだけれど、コーダを取り巻く私たちのための映画だという側面もありますよね。物語化されることによって、感動することもあれば、間違った共感や感情移入、反発も起きるかもしれないけれど、そのこと自体は別に良くも悪くもない。それをきっかけにはじまる人間同士の関係性や社会構造の変化が大事。

ケアラーをケアするのは誰か

河野　乱暴な普遍化・一般化を警戒しつつ、一つだけ広く共感してもいいポイントがあるとすれば「ケア」の視点かなという気がしています。

というのも、多くのコーダは、ヤング・ケアラーになってしまうという問題があり、ケアをする自分を誰がケアするのか、という問題に直面します。コーダ・キャンプはまさにそれに対する一つの答えになっています。『ケア宣言――相互依存の政治へ』（ケア・コレクティヴ著、大月書店、二〇二一年）が指摘するように、新自由主義社会のもとで、ケアが個人化されるという問題が深刻化しており、ケアする社会をどのように作り出すのかは、コーダだけではなくこの社会に住む全員の課題でもあります。そのなかで、コーダ・キャンプのような、ヤング・ケアラーたちがお互いをケアし合うコミュニティに可能性を見出してもいいのではないかと思います。

西口　たしかにそうですね。全米からすごい移動時間をかけてたくさんのコーダたちが集まっていて、その期間はケアラーとしての責務からは完全に解き放たれる。『私だけ聴こえる』の冒頭は日本で、東日本大震災で津波の被害をうけたろう者の親をもつコーダのインタビューからはじまります。アメリカのろう者やコーダのコミュニティと日本のそれとの違いもかなりあるのではないかと思います。私たちがケアのあり方を考えるためにも、日本の物語もぜひ見てみたいですね。

『ケイコ　目を澄ませて』と障害者のワークフェア

河野真太郎

ケイコ　目を澄ませて

監 三宅唱／99分／日本／2022年

STORY　生まれつきの聴覚障害で両耳とも聞こえないケイコは、再開発が進む下町の小さなボクシングジムで鍛錬を重ね、プロボクサーとしてリングに立ち続ける。嘘がつけず愛想笑いも苦手な彼女には悩みが尽きず、言葉にできない思いが心の中に溜まっていく。ジムの会長宛てに休会を願う手紙を綴るも、出すことができない。そんなある日、ケイコはジムが閉鎖されることを知る。

私は、避けようもなくひとつの「ハードル」を前もって設けてこの作品を観ざるをえなかった。というのは、障害者の表象をめぐって飽きもせず繰り返されるある図式にこの映画がはまり込んでいないかどうか、という疑問を念頭に置きながら観ざるをえなかったのである。

その図式とは、一言で言えば「スーパークリップ（supercrip）」的な表象である。スーパークリップとは、一つには障害を持っているゆえに常人離れした能力を発揮する人のことである。『**レインマン**』（一九八八年）の、ダスティン・ホフマン演じるサヴァン症候群のレイモンドを考えればよいだろう。彼は、飛びぬけた数をめぐる認識力・記憶力を持っている。スーパークリップのもう一つの意味は、障害を持っているにもかかわらず、並はずれた努力で秀でた能力を獲得した人のことだ。これは、映画ではないが、パラリンピック選手などを考えればよい。

ろう者、ボクシングと来れば、どうしても予想してしまうのはこのスーパークリップ的な表象である。これは基本的には褒め言葉ではなく、批判的な言葉なのだが、そこで問題にされているのはスーパークリップの観念に込められたある種の能力主義＝健常者主義（ableism）である。これについては文化研究者・障害学者のロバート・マクルーアが『クリップの時間（*Crip Times*）』などで論じている。また河野の著書『新しい声を聞くぼくたち』（講談社、二〇二二年）も参照されたい。

健常者主義の問題というのは、スーパークリップ的な表象においては、結局のところ健常者的な「能力」を基準として評価がおこなわれるということである。それは、新自由主義的な能力主義と反福祉主義においては新たな重要性・深刻性を獲得している。とりわけ、新自由主義が国家による福祉を削減し、（労働）市場における「自由」競争を基本とすることを考えると、それは障害者福祉にも重大な帰結をもたらす。就労可能性を条件として障害者と健常者とのあいだの線が引き直されるのだ（私はこれを「障害者のワークフェア」と呼んだ）。そして、スーパークリップ的な表象はそのような新しい健常者主義を促進する側面がある。

さて、『**ケイコ　目を澄ませて**』である。私の予想、もしくは警戒はまったくの的外れであった。この映画は、とても静かな映画である。たしかにボクシングの試合は描かれ、それがクライマックスに置かれてはいる。だが、決してそのクライマックスに向けて盛り上がり、観客が手に汗を握って勝敗を見届けるといったものではない。そのようなものとは全く無縁の映画である。

そうではなく、フィルムで撮影されたこの映画の眼差しは、ケイコの人生そのものと、彼女を含む人びとの関係性を静かに見つめる。最初は固く閉ざされ、世界を拒んでいるように見えるケイコ。ボクシングジムの閉鎖という苦難は、彼女に新たな世界と人間関係への開かれをいわば強いる。しかし、決して過剰に劇的なコンフリクトとその解決が用意されているわけではない。環境の変化は日常的なコミュニケーションのなかでの摩擦を生み出し、わずかに温度が上がる（温度といえば、フィルム撮影の賜物か、この映画は温度と空気をふんだんに感じさせる）。

わずかに上がる温度のなかで、ケイコは次第にほぐれていく。世界を受け容れ、世界に受け容れられていく。それも、ほんの少しだけ。本作が私の心配したスーパークリップ映画とは無縁であるのは、そのような映画であるからだ。

障害（者）の表象という意味で非常に興味深かったのは、ケイコがろう者の友人二人とカフェで会話をしている場面だ。楽しそうに手話で会話をする三人だが、（前半でサイレント映画風の字幕が入ったのとは違って）そこに字幕が入ることはない。手話を解さない観客は三人の会話内容を想像するしかなく、三人の表情からその会話の雰囲気を感じとる必要が出てくる。ここでは、健聴者は三人のコミュニティからは（暴力的にではなく）排除される。言ってみれば、この三人の輪の中に入ったとき、手話を解さない者は「障害者」となるだろう（これが、「障害の社会モデル」の観点である）。

そしておそらくこれは意図されてはいないかもしれないが、にこやかに会話に参加しているように見えるケイコは、非常に「おしゃべり」な二人（しゃべっている内容は分からないが、二人の手話が非常に「流暢」であることは理解ができる）に対して、どちらかと言えば「聞き手」に回っているように見える。これを、ケイコを演じる岸井ゆきのが健聴者であることのせいにするのも可能だ。だが、この場面はケイコの、世界と他者に対する距離も表現していて、ケイコはあたかもろう者と健聴者のあいだの存在であるかのように感じられる。観客が彼女のそのような主観・視点に近づくことのできる非常に重要な場面になっていると思えてならないのだ。

（対話6）

「当事者」が演じることについて

――移民・難民と映画

マイスモールランド

監　川和田恵真／114分／日本／2022年

STORY　クルド人の家族とともに故郷を逃れ、幼い頃から日本で育った一七歳のサーリャ。現在は埼玉県の高校に通い、同世代の日本人と変わらない生活を送っている。大学進学資金を貯めるためアルバイトを始めた彼女は、東京の高校に通う聡太と出会い、親交を深めていく。そんなある日、難民申請が不認定となり、一家が在留資格を失ったことでサーリャの日常は一変する。

エブリシング・エブリウェア・オール・アット・ワンス

Everything Everywhere All at Once

監　ダニエル・クワン＋ダニエル・シャイナート／139分／米／2022年

STORY　中国系移民で、倒産寸前のコインランドリーを経営するエヴリンは、ボケているのに頑固な父親、反発してくる娘、頼りにならない夫に囲まれ、頭を抱えていた。ある日、彼女の前に突然「別の宇宙から来た」という夫のウェイモンドが現れ、「全宇宙にカオスをもたらす強大な悪を倒せるのは君だけだ」と告げられる。マルチバースに飛び込んだ彼女は、全人類の命運をかけた戦いに身を投じることになる。

二〇二三年三月一九日収録

日本で生活する移民たち——『マイスモールランド』

西口　難民として来日して埼玉県川口市で暮らすクルド人家族を描いた『**マイスモールランド**』という映画を少し前に観たのですが、テーマは異なるものの、社会のなかのマイノリティを描く映画として『**コーダ あいのうた**』（二〇二一年）（対話5参照）を想起した素晴らしい作品でした。ぜひ本作についても河野さんの意見を聞いてみたいです。

河野　はい、観させてもらいました。端的に、とにかく映画としてすごく良かったです。非常にバランスよく作られていて、そもそも映像自体がすごく好きでした。

西口　『マイスモールランド』は、クルド人のチョーラク家の長女サーリャ（嵐莉菜）を中心に物語が進みます。難民申請をしながら埼玉で生活をしてきた家族が、入管から難民申請が却下されることによって、在留資格を失い、さまざまな困難に直面する姿が描かれます。

現在一七歳のサーリャは、生活していた土地で迫害と拷問を受けた父親とともに幼い頃に日本へ渡ってきました。正確には移民第一世代ですが、日本の学校で教育を受け日本語が堪能なため、川口のクルド人コミュニティのなかでは通訳や翻訳を担い、青春真っただ中なのに日本人コミュニティとの折衝役として駆け回っている。その点で移民第二世代的な役割を担っています。その姿にどこか『コーダ』の主人公ルビー（エミリア・ジョーンズ）を想起しました。

河野 それに加えて、移民第二世代という点では、対話4で取り上げた『**エブリシング・エブリウェア・オール・アット・ワンス**』（二〇二二年）の主人公エヴリンの娘ジョイとも重なりますよね。『マイスモールランド』を論じる前に、少し遠回りですが『エブエブ』について、移民という観点から振り返ってみましょうか。

世代間トラウマを乗り越える
――『エブリシング・エブリウェア・オール・アット・ワンス』再び

河野　アメリカ在住のZ世代の論者として注目されている竹田ダニエルさんは、ネット記事のなかで『エブエブ』について、「世代間トラウマ generational trauma」を「美化することなくありのままの形で伝える映画」と評価しています［1］。「世代間トラウマ」は、『マイスモールランド』を読解するうえでも重要だと思うので説明しますと、これは、世代を超えて継承されるトラウマのことをさす概念です。特にアメリカのアジア系住民にとっては、アメリカという新天地で過酷な経験をした第一世代からさまざまなプレッシャーを受ける第二世代という、世代同士が衝突する状況を指して言われることが多いそうです。さまざまな苦労を経験した第一世代にとっては、「こういうふうに生きていかなくちゃいけない」みたいなことを自分の子供や孫に押し付けてしまう傾向にある。その一方で、第二世代は、日常的に使用

1　竹田ダニエル「アカデミー賞〝異例の7冠〟『エブ・エブ』はなぜ「社会現象化」したか？ その「新しさ」の正体」現代ビジネス、二〇二三年三月一五日公開 https://gendai.media/articles/-/107514

する言語が英語になっており、ライフスタイルや価値観もアメリカに染まっていて、第一世代とは大きくかけ離れています。この両者の間での軋轢が生じているという問題です。

西口 竹田ダニエルさんが指摘するように、まさに、『エブエブ』は、世代間トラウマ問題をどう癒すかという物語ですね。

河野 そこは非常に重要なポイントで、アメリカではまさにそれをテーマにした物語が多く見られるようになってきました。たとえば、マーベルのドラマ・シリーズ『**ミズ・マーベル**』（二〇二二年）という作品も、パキスタン系で、アベンジャーズの大ファンの女の子カマラ・カーン（イマン・ヴェラーニ）を主人公とする物語です。移民第一世代である彼女の両親は敬虔なムスリムで、カマラの行動を制限しようとする保守的な存在として描かれています。まさに、保守的な家庭のなかで育ちつつも、アメリカ的な価値観に順応した第二世代の娘がいて、そこに軋轢が生じるという「世代間トラウマ」の物語です。

思い返してみると、『**ベッカムに恋して**』（二〇〇二年）などの作品もそうだと言えますね。これはイギリスを舞台にしていますが、インド系移民でシーク教徒の家庭に育った女の子ジェス（パーミンダ・ナーグラ）がデビッド・ベッカムに憧れてサッカーをやりたいと言い出して、家族との軋轢を生むという物語です。イギリスでも、一九八〇年代ごろから、このような作品が多くつくられています。

西口　『エブエブ』の監督の一人であるダニエル・クワンは、中国系移民の息子で、福音派クリスチャンとして育てられたとインタビューで語っていました。そして大人になってから自身がＡＤＨＤ（注意欠如・多動症）だと分かり、こうしたことが重なって「闇落ち」していた時期があったそうです。

それを念頭に置くと、『エブエブ』でエヴリンの娘のジョイが「何もかもどうでもいい（Nothing matters）」と虚無に落ちていた姿が重なります。移民第二世代であること、世代間トラウマを抱えていることが物語の真ん中にあることが改めてわかりますね。

繰り返し主題になってきた世代間トラウマ

河野　とはいえ、アメリカは建国以来ずっと移民によってつくられてきたわけで、なぜこれほど近年になって世代間トラウマというテーマが前面化しているのか、ちょっと疑問ですよね。

西口　ミシェル・ヨーの代表作『**グリーン・デスティニー**』（二〇〇〇年）の監督である台湾出身のアン・リーは、ニューヨークの台湾人家族を描いた「父親三部作」と呼ばれるホームドラマを撮っています（『**推手**』（一九九一年）、『**ウェディング・バンケット**』（一九九三年）、『**恋人たちの食卓**』（一九九四年））。とても好きなシリーズですが、まさに親世代と子世代の文化や意識のギャップをテーマにした作品で、こうした映画はずっと作られてきたのだと思います。ただ、アン・リー自身は第一世代の移民であり、それから三〇年以上経ってアメリカの映画システムのなかでキャリアを積んだ移民第二世代、第三世代の映画作家や制作スタッフたちが登場したのが現在の状況ではないでしょうか。観客も移民第二世代以降のボリュームが大きくなり、世代間トラウマが「自分たちの物語」としてより切実に作られ、受け止められるようになったのかもしれません。

河野 なるほど。やはりアカデミー賞を中心とするようなハリウッド中心主義、つまりアメリカの白人男性が制作した映画という視点では、単に世代間トラウマが見えていなかったという話でしょうね。世界に目を向ければずっとあったはずなのに、ハリウッド映画文化のなかだけを見ていては、あたかもこれまではなかったかのように見える。そのうえで、第二世代・第三世代がメインストリームにも躍り出てきて、やっと可視化されてきたと捉えるべきですね。

当事者性と創作の関係

西口 日本でも、在日コリアンの経験をテーマにした映画がよく作られた時期がありますよね。そこから現在は、『マイスモールランド』も含めて、移民・難民や、技能実習生などをテーマとした作品も生まれてきています。
社会のなかでのマイノリティを描くそうした映画を観るときには、物語の説得力やリアリティの強さも含めて、「誰が語っているのか」という問題がどうしても付いて回ります。

河野　映画制作における「当事者」の問題は、それで一冊の本を書きたいくらい、ここでは扱いきれないほど難しいテーマですね。でも、この視点は、現在の創作一般を考えるうえで非常に重要です。
たとえば、小説について、当事者が絶対に書かなければ優れた作品が生まれないのかというと、必ずしもそうではないです。中島京子さんの『やさしい猫』（中央公論新社、二〇二一年）という小説は、女子高校生の「マヤちゃん」の視点から、シングルマザーの「ミユキさん」とスリランカ出身の「クマさん」の姿を通じて、入管行政の問題を描いた作品として高く評価されています。作者の中島京子さんは、当事者ではないので、その立場から物語を作る際に、当事者の視点を搾取してしまうおそれがつきまといます。その際に『やさしい猫』では視点人物として女子高生をもってきていることは、誠実な選択だと感じます。

一方で、草彅剛をトランスジェンダーとして登場させた『**ミッドナイトスワン**』(二〇二〇年)は明らかに問題がある作品だと批判せざるをえません(対話1参照)。

その作品が「搾取」になっているか否かは、本当に微妙な難しい問題。一般論を語ることは無理だし、個別に見るしかないのではないかと思います。

西口 当事者の搾取という視点を踏まえると、これからの創作において、第二世代・第三世代は重要な立場にいるのではないかと思います。というのも、やはり第一世代は強烈な経験をしているわけで、それを物語に昇華するのには大きな困難を伴います。第二世代・第三世代は、ある程度はサバイブの当事者であり続けながらも、その経験を第三者的に見る語り手としての視点も獲得している。加えて、自分の系譜にいる人たちを描く上では、搾取—被搾取の関係により敏感にならざるをえない側面もあるでしょう。

河野 たしかに。その絶妙な距離感が『エブエブ』のなかではコメディ要素を散りばめたりするなどの面白さとして現れているのかもしれません。距離があるけれど、それを搾取することにもなってないという稀有な作品になっているのは、その要素が大きいですね。

悪意なき差別を丁寧に描く

河野 長々と『エブエブ』を振り返ってしまいましたが、『マイスモールランド』もそれと関連して絶妙なバランス感覚で制作されている稀有な作品ですよね。

西口 『マイスモールランド』の川和田恵真監督は、日本で生まれ育ち、イギリスと日本のミックスルーツを持つ方です。監督へのインタビューによると、映画のように在留資格が失効し行き場を失うという経験は自身にはないものの、ミックスとしてのある種の疎外感を子どもの頃から強く感じ、国ってなんなんだろう、自分は何人なんだろう、という問いが常にあったそうです。

河野　チョーラク家を演じた4人の俳優たちが、主演の嵐莉菜さんの実の家族だということも重要ですね。演技が素晴らしかったです。この当事者性を持った俳優を使う手法はケン・ローチ的だなと思いながら見ていました。

物語の軸となるのは、主人公のサーリャと淡い恋心で結ばれるコンビニバイトの高校生の崎山聡太（奥平大兼）の関係です。サーリャは、難民申請中の仮放免という立場のため埼玉県から外に出ることは禁じられています。そして本当はアルバイトをしてはいけないという不自由な立場です。その二人を「ロミオとジュリエット」的な図式で描いていくという、言ってしまえば定番中の定番な流れになっていますが、ちゃんと物語として心地よく成立している。構成や問題意識も秀逸で、日本映画の歴史を大きく前進させるような作品だと思います。

西口　なかでも「差別」描写のリアリティが印象に残りました。

一つ挙げると、コンビニでサーリャが接客をするシーンですよね。客の高齢女性がとても自然に差別発言をする。「お人形さんみたい」「とっても言葉お上手よ」「外人さんとは思えない」「いつかお国へ帰るんでしょ？」などと嬉しそうに話しかけ、最後には「これからも頑張って下さいね」と声をかけます。サーリャにとっては「お前はここの人間ではない」と言われているように聞こえるのですが、そのおばあちゃんにはおそらく「悪意」がなく、むしろ一期一会を喜んでいるような様子です。自分の差別が相手を傷つけているとは想像もしていない。

河野　人種差別とジェンダー差別を同時にやってしまうのですが、日本ではけっこう見かける風景ですよね。そのセリフが残酷に聞こえてしまうような文脈が映画のなかでは準備されていて、いかに悪意のないカジュアルなかたちで差別が起きているかということが強烈に示されていました。

西口　日本の観客でも、サーリャの側の視点から、彼女の傷つきや戸惑いが想像できるようにつくられているのですが、これはなかなかすごいんじゃないかと思います。日常に埋もれた穏やかな差別を丁寧に描いていく。

河野　わかります。こういった差別問題を扱うときに、「こんなひどい差別がある」と執拗にデフォルメして描く映画もありますよね。そういう映画では、たいてい善人役が出てきて、感動ポルノ的に問題が解決されて、予定調和的に終わるということもしばしばです。そのような描写は、被差別者に対する暴力になってしまう可能性があるということを『マイスモールランド』を観てつくづく思います。そういう意味で、抑制的であり、非常にバランスよくこの問題を描いてくれている作品です。

「見えていない」が、確かに存在する移民社会

西口 すごいなと思った場面をもう一つあげていいですか。入管で難民申請が不認定となり、目の前で家族全員分の在留カードが破棄されたあと、街道沿いのラーメン屋に入るシーンがありますよね。暗澹たる状況ですが、お父さんが子どもたちを元気づけようと「トッピング一人三つまでいいよ」と言います。

その食事中に、ラーメンの食べ方の話題になります。クルドのアイデンティティが強いお父さんは麺を啜る音をたてることを嫌っていますが、日本の文化のなかで育ってきた妹のアーリン（リリ・カーフィザデー）はラーメンは音をたてて啜ったほうが

美味しいと言い返す。するとサーリャが「音ないほうがぜんぜん美味しい」とバランスをとる。最後に「どう?」と訊かれた七歳の末っ子のロビン（リオン・カーフィザデー）が、音をたてるともたてないともつかない食べ方をして、ただ「美味しい」と言ったので、みんな笑う。

チョーラク家の置かれた状況の過酷さを知っている観客にとっては、この場面のかけがえのなさが胸にくるけれども、それを知らなければ、外国にルーツがある親子がラーメンを食べているだけの、何気ない日常風景です。

この映画のスタイルがよく表れた場面だと思うのですが、日本で生まれて在留資格なんてことを考えたこともなく暮らしている人々の同じ生活圏のなかにこういう家族がいて、それは外から見てもわからない。でも、あなたの隣の席に座ってラーメンを食べている可能性がある。それを端的に描いています。

『マイスモールランド』川和田恵真／2022年
ラーメン屋で麺を啜る音について話す一家

河野　まさにいまの日本の現状ですよね。移民社会になっているという実態にもかかわらず、そのことが多くの「日本人」には見えていない。

『ふれる社会学』（北樹出版、二〇一九年）という本に収録されているケイン樹里安さんの論文によると、在留外国人はすでに二六三万人（二〇一八年）に達していて、それに伴って子供も増えている。ゼロ歳から一九歳の外国籍の子供が二九万人（二〇一五年）もいます。そこで問題となるのは、外国人の子供には就学義務がないため、日本の公教育からこぼれ落ちてしまうということです。さらに日本の教育のなかで、馴染めずに差別を受けてしまうこともあります。

また、ケインさんは、「ハーフ」の問題についても書いていて、これも勉強になりました。サーリャはハーフではなくクルド人ですが、日本で「ハーフ」の方が直面してきたマイクロアグレッション的な差別の経験は共有しています。

西口　それに対して聡太は、難しいことは何も知らないような高校生で、良い意味でいまの男の子らしいフラットさや優しさがあるキャラクターですよね。サーリャはバイト帰りの土手の場面で、聡太に対して初めて、自分が本当はクルド人であると伝えます。彼女が小学生のときにサッカーのワールドカップがあって、本当はみんなと一緒に日本を応援したかったけど、日本を応援しているって言ったらおかしいのかなと思って、ドイツを応援していると答えた。そうしたら、いつのまにか同級生からドイツ人だと思われていて、「なんかそれがちょうどよくて、自分でもドイツ人と言うようになった」。こういう一つひとつのシーンとエピソードのリアリティが考え抜かれて作られているように感じます。

川和田監督は、**『そして父になる』**（二〇一三年）、**『万引き家族』**（二〇一八年）などで知られる是枝裕和監督の弟子筋にあたると言ってもいい経歴を持つ人で、『マイスモールランド』にも是枝監督の**『誰も知らない』**（二〇〇四年）に対するオマージュや応答が随所に見られます。たとえば、サーリャの将来の夢は学校の先生になることですが、目標としている小学校の先生を演じているのは『誰も知らない』で不登校の中学生・紗希役を演じた韓英恵さんです。『誰も知らない』では、紗希が

『マイスモールランド』川和田恵真／2022年
自分のルーツがクルドであると聡太に明かすサーリャ

カラオケボックスで援助交際をして稼いだお金を明（柳楽優弥）に渡そうとしますが、『マイスモールランド』でもサーリャが友人に誘われてカラオケでの「パパ活」によって家族の生活費を稼ごうとする場面があります。ついでに俳優の共通点で言うと、『マイスモールランド』でチョーラク家を親身に支える（おそらく指宿昭一弁護士をモデルにした）山中弁護士を演じる平泉成さんは、『誰も知らない』では明たちが通うコンビニの店長役でした。

『誰も知らない』も『マイスモールランド』も、事情は異なりますが、子供たちの前から親がいなくなってしまう物語です。親がいなくなる、ただそれだけのことで、子供の日常生活と必要なケアがすべて奪われ、過酷な暮らしに投げ込まれていき、そのことはほとんど外からは見えない。

社会派映画はなぜ失敗するのか――手法の難しさ

河野　父親が収監されたシーンや、帰国したあとの子供たちの生活はどうなるのか、ということを考えると『誰も知らない』を想起させますよね。

もともとサーリャは、日本語とクルド語の両方ができるので、父親やコミュニティの仲間を通訳や翻訳で助けていて、妹のアーリンからは「大変なんだから、断ればいいのに」と言われますが、それに対してサーリャが反発して喧嘩になるシーンもあります。ここに見られるようなヤング・ケアラー的な立場を担っている彼女のつらさや苦しみは、『エブエブ』のジョイや『コーダ』のルビーとも通じています。

ルビーは、コーダとしてろう者の家族の手話通訳の役割を担っていて、そこから最後は爽やかに離脱することができました。『エブエブ』の場合も、最後に「世代間トラウマ」が解消されるという着地がありましたが、『マイスモールランド』は、結局は何も解消されないという過酷な状況で終わってしまう。どちらかといえば、ケン・ローチ的な鋭い問題提起を残していく作風です。

西口　よく是枝映画はケン・ローチの作品と比較され、テーマ性や制作手法も含めてその親近性が指摘されますが、僕は『マイスモールランド』のほうがケン・ローチ映画的なものをより正しく受け止めているように感じました。

いわゆる「社会派映画」の難しさは、ある社会問題を物語の軸とする際、その問題の構造を分かりやすく描くことと、人物や場面をその社会問題・構造を描くためだけに配置しないことの両立の難しさにあると考えています。「社会派映画」が好きだからこそ、僕はそこに主従関係が生まれてしまうことが気になります。

例として適切か分かりませんが、是枝監督の代表作の一つである『そして父になる』は、一九七〇年代の沖縄で実際に起きた「赤ちゃん取り違え事件」から着想を得て作られた映画です。福山雅治がゼネコン勤務のエリートサラリーマンのお父さんを演じる野々宮家は都心のタワマン住まいで、リリー・フランキーが父を演じるもう一方の斎木家は前橋で小さな電器屋を営んでいます。野々宮家が高級肉のすき焼きを食べている夜、カットが切り替わると、斎木家では餃子を焼いている。両家の食事は、ここでは、「赤ちゃん取り違え」という悲劇や試練を盛り上げるために創作された「格差」の記号に終始しているように感じます。

それに対して、『マイスモールランド』のラーメン屋の場面は、もっと繊細で複雑な、かけがえのない瞬間に触れているのではないか。そんな絶望的な状況に置かれると、たしかに私たちはどうでもいいラーメンを食べながらどうでもいい会話をして正気を保とうとするのかもしれないと思ったり。

河野 是枝監督作品は、素晴らしい要素ももちろんあると思うのですが、やはり差別などの社会問題のデフォルメをやりすぎる傾向があるように感じますね。苦しんでいる弱者や被差別者の描写がすごく強調されている。『マイスモールランド』はその点をかなり上手く回避しています。

『そして父になる』是枝裕和／2013年
高層マンションで高級すき焼きを3人で食べる野々宮家（上）と、
大皿に盛られた餃子をみんなで取り合う斎木家（下）

当事者が表に立つ重要性と危険性

河野　ケン・ローチ作品との比較という点で一つだけ引っかかっているところがあります。主演をつとめた嵐莉菜さんは、芸能活動をしているモデルさんですよね。それに対して、ケン・ローチは、無名の俳優や一般人を起用して自然な演技を引き出すという手法を使っていて、俳優の容姿も平凡な方を積極的に採用しているように思えます。それが、ケン・ローチ監督作品に、ほかにはないリアリティを与えている重要な要素です。

ルッキズム的な視点で批判をするべきではないということは承知のうえであえて言うと、『マイスモールランド』において、モデル活動をしている俳優を主演として起用する点で、リアリティの問題が生じているようにも感じましたが、どうでしょうか？

西口　その点は川和田監督がハフポストのインタビュー［2］で言及されていました。当初は、日本に住むクルド人にメインキャストを演じてもらおうと考えていたそうですが、難民申請中の当事者にこのようなメッセージ性の強い映画に出演してもらうことのリスクがあまりにも大きく、彼女ら彼らの人生に不利益が生じる恐れから断念したと。「結果的に、結婚などで在留ビザがある人だけをサブキャストとして起用しました。安全に出てはもらえないような今の状況だからこそ、この映画を作るのをやめてはいけない、と改めて決意しました」と制作背景を話されています。

労働組合の仕事をしていても悩むことがあります。たとえばいまにもクビを切られそうな、深刻な労働問題に直面している当事者にこそ声をあげてほしい、その声には状況を大きく変える力がある、と考えることがあるのですが、当事者の置かれた状況が過酷であればあるほど、前に出てもらうのはリスクが大きい。もちろんレベルの違う話ではありますが、川和田監督が「これは無理だな」と思ったのは非常に誠実な態度ではないかと感じました。

また、サーリャ役を演じた嵐莉菜さんは、日本、ドイツ、イラン、イラク、ロシアといった多様なルーツを持った俳優で、ただオリエンタルで美しいという基準で起用されたわけではないと思います。想像に過ぎませんが、このキャスティングはミックスルーツをもつ監督自身の当事者性と関わる重要な部分なのかもしれません。嵐莉菜さんと彼女の実際の家族が演じることで、川和田監督が日本社会で育ちながら日常的に経験した疎外感やアイデンティティの問題なども各場面に小さく織り込まれていくような、そんな作用があったのではないでしょうか。

「当事者」とは誰なのか

河野　なるほど。納得しました。

『ミッドナイトスワン』を批判したときにトランスジェンダーの役を草彅剛が演じたことの暴力性を指摘しましたが（対話1）、今回はそういうパターンとは全く実は違っていて、むしろクルド人当事者に演技させることが、現在の日本の状況においては、暴力的になりうるということですよね。

そう考えると、ケン・ローチ的な手法は、独特のリアリティを出すことに成功し

2　ハフポスト日本版「「治らない病気のよう」 難民認定率1％未満の日本で暮らす、クルド人少女の苦難と日常」（若田悠希）https://www.huffingtonpost.jp/entry/story_jp_62834d56e4b0c84db7292b00

ているけれど、下手をすると役者自身や、その役者が表象しているカテゴリーの人たちに対する暴力にもなりうるという危険性も秘めているということは注意しないといけないですね。

西口 一般論として語ることが難しい問題ですよね。どういうときに何が暴力的になるのか。誰かを演じたり代弁したり表象したりするときに、何が損なわれ何が得られるのかを個別具体的に考えて、その都度判断するしかありません。

突き詰めると「当事者」とは誰なのかという問題に行き着きます。映画もそうですが、創作に限らず、労働運動や社会運動にも素朴な「当事者」観があり、その線引きがかえって「非当事者」としての免責を生み出しているような気もしています。

河野 そうなんですよ。創作における当事者性とは一体何なのか。そこは、今日、決定的に重要な問題になっています。

少なくとも『マイスモールランド』においては、「これが当事者の姿だよね」と名指せるものと、いまだに日本社会において名指せていないものの間に、しっかりと両足を踏みしめて立っている映画だと評価したいです。「名指す」ことでいままで社会で見えなかったことにされていた人たちが存在を得ることができるというエンパワーメントの側面がありつつ、一方で、暴力的なかたちで名指してしまう危険性とも向き合わなければならない。

そこで当事者性はすごく問題になってくる。あるカテゴリーの当事者が演じれば全てが解決するかというと、おそらくそんなことはなくて、それ自体が勝手な代表になってしまうということも十分ありうるわけですよね。

鍵となる概念——インターセクショナリティ

河野　理論的に整理すると、最近、話題になりつつあるインターセクショナリティという概念が非常に重要だと思っています。

インターセクショナリティとは、交差性と訳されることがありますが、平たく説明すると、さまざまなアイデンティティが組み合わさっている状況を指す概念ですね。ひとりの主体としての人間のなかには、男性であり、日本人であり、ミドルクラスであり、健常者であり……というようにさまざまなアイデンティティが交差しています。ただ、気をつけなければならないのは、これらのアイデンティティが足し算のように積み重ねていって主体が形成されているということを指すのではなく、いままでは不可視化され、隠れていたアイデンティティの存在に光を当てていくことができるというところに力点が置かれる概念です。

このことを強烈に示しているのが、アメリカのジェンダー研究者カイラ・シュラーの著書『ホワイト・フェミニズムを解体する――インターセクショナル・フェミニズムによる対抗史』（明石書店、二〇二三年）です。この本では、一九世紀アメリカで盛り上がった女性参政権運動の白人フェミニストたちがいかに黒人女性を排除していたかというところから話が始まり、それに対する黒人女性フェミニストによる対抗運動が存在したことが示されています。「フェミニスト」というカテゴリーのもとで、白人／黒人というアイデンティティは隠されてきましたが、実は一九世紀の段階からその問題性を問う運動はあった。単に白人中心主義のフェミニズムを批判するのではなく、黒人女性たちによるインターセクショナリティ的な運動を発掘し、新しい系譜を引き直すという作業をしています。つまり、運動の中心に黒人女性も包摂するのではなく、その中心と周辺というヒエラルキー自体を解体しようとする。それがインターセクショナリティ的な考え方です。

創作における当事者性という問題については、インターセクショナリティ的な視点から考える必要があると思います。『マイスモールランド』では、平均的な「日本人」には全く認知されていない存在としてのクルド人の姿を描いたこと自体は、素晴らしいことだと言えます。ですがそこで、クルド人というアイデンティティを典型化して、「こういう可哀想なクルド人がいます」というように示してしまうと、日本社会の権力関係を問うことには本質的にはならない。そうではなく、クルド人自身の主体のなかにさまざまなアイデンティティが交差している様子を誠実に捉えながら、返す刀で、マジョリティである日本人の主体性も揺るがしていくような物語が求められている。それは、そうとう複雑な作業が必要ですが、それを見事にやっているのが『マイスモールランド』だと思います。

西口 インターセクショナリティは、最近よく耳にしますが、運動の蓄積のなかで練り上げられたものであるということをしっかりと勉強しないと誤解しやすい概念ですよね。単に「多様性」を確保すればいいというようなものではないのですね。

河野 そう考えて見返すと、冒頭の映像も象徴的ですよね。『マイスモールランド』の冒頭は、クルド人コミュニティでの結婚式の様子が描かれていますが、平均的な「日本人」観客からすると、なんだかオリエンタルな結婚式をやっている場面にしか映らず、日本国内の映像なのかどうかもわからないですよね。それがズームアウトしていって、日本のどこかの公園のようなところで、「外国人」がエスニックな結婚式をやっているというように少しずつ情報が入ってくる。そこからグーッとフェードインするように、日本社会の描写に入っていくのは、民族的なものが、日本社会に溶け込んでくるような感覚を受けます。感覚的な話になりますが、インターセクショナリティのイメージと、この冒頭の映像は近いような気がしていて、これも重要だなと思いました。

現在地としての『ファミリア』

西口想

ファミリア

監 成島出／121分／日本／2023年

STORY 陶器職人の神谷誠治は妻を早くに亡くし、山里で独り暮らし。アルジェリアに赴任中の一人息子の学が、難民出身のナディアと結婚し、彼女を連れて一時帰国した。結婚を機に会社を辞め、焼き物を継ぐと宣言した学に反対する誠治。一方、隣町の団地に住む在日ブラジル人青年のマルコスは半グレに追われたときに助けてくれた誠治に亡き父の面影を重ね、焼き物の仕事に興味を持つ。そんなある日、アルジェリアに戻った学とナディアを悲劇が襲い……。

日本政府が「在留外国人」と呼ぶ、日本で生活する外国籍の住民は二〇二二年末時点で約三〇八万人いる。そのうち在日ブラジル人(約二一万人)が最も多い都道府県は愛知県で、約六万人が暮らしている。東京都の約四〇〇〇人と比べても、静岡県(約三万二〇〇〇人)、三重県(約一万四〇〇〇人)、群馬県(約一万三〇〇〇人)などに偏在している[1]のは、それらの地域が一九七〇年代後半以降に日本の主力産業となった自動車関連産業の生産拠点だったからである。

　折しも一九八〇年代のブラジル国内は経済危機に見舞われていた。海外に活路を求める労働者が増え、サンパウロなどの日系社会を中心に日本へ出稼ぎに出た人たちが向かったのが、「トヨタ」のお膝元である愛知県豊田市や、「スズキ」「ホンダ」を中心に栄える静岡県浜松市だ。日本政府は、伸び続ける需要と生産性に追いつかない労働力を確保するため、一九九〇年に入管法を改正し、三世までの日系人とその配偶者に定住資格を認めるようになる。これを機に在日ブラジル人は急増し、一九八五年時点で二〇〇〇人程度だった在留者は、ピーク時の二〇〇七年には三一万人を超えた。しかし二〇〇八年のリーマン・ショックで、雇用の調整弁として非正規雇用で雇われていた多くの在日ブラジル人がクビを切られた。と同時に、日本政府は帰国支援事業（再入国制限付の現金給付）を始めた。

『**ファミリア**』の舞台のひとつは、こうした国を挙げたブラジル系移民「使い捨て」の歴史が刻まれた豊田市郊外の保見《ほみ》団地だ。六七棟にも及ぶこの巨大団地は、一九七五年に入居が始まり現在でも約八〇〇〇人が暮らす。全住民の半数以上がブラジル人など日系南米人で、独自のコミュニティを形成してきた。本作はフィクション作品として「保丘団地」としているが、ロケ地は保見団地であり、物語の重要なエピソードも団地住民からの聞き取りにもとづくという。保見団地という歴史的建造物の存在感と住民の暮らし、そしてオーディションで各地から集められた在日ブラジル人のキャストたちの佇まいが、この映画の骨格をなしている。

物語の主人公にあたる神谷誠治（役所広司）は、早くに妻に先立たれ、「瀬戸物」の里である隣の瀬戸市で窯業を営んでいる。そこへ一人息子の学（吉沢亮）が、勤務先のアルジェリアで出会ったナディア（アリまらい果）を連れて一時帰国する。児童養護施設出身の誠治は、物心つく前に母親を亡くした難民の出自をもつナディアに共鳴し、会社を辞めて焼き物を継ぐという学に、彼女のことを考えて思い直すよう諭す。窯業では家族を食べさせるのが難しいからだ。ある夜、保丘団地に暮らすマルコス（サガエルカス）が、日本人の半グレ集団に追われ誠治の家に逃げこんでくる。その出来事をきっかけに、誠治はマルコスと恋人のエリカ（ワケドファジレ）と知り合い、次第に慕われる。誠治に似ていたというマルコスの父は、リーマン・ショックの時に仲間とともに会社を一斉解雇され、仲間や家族を連れてきたリーダーとしての責任感から団地で身を投げた。

話が動き出すのは、アルジェリアへ戻った学とナディアが、勤務先のプラントで過激派テロリストの襲撃の犠牲となってからだ。ナディアのお腹には新しい命が宿っていた。日本では、マルコスたちブラジル系青年が半グレ集団のターゲットとなり、次々殺されていく。半グレのリーダー・海斗（MIYAVI）は地元を牛耳るグループ企業の御曹司で、地元警察や暴力団も手を出せない。海斗は、ブラジル人青年による飲酒運転事故で妻子を殺されてから、彼らへの憎悪が暴走している。子たちを失った悲しみに沈んでいた誠治が、追い詰められたマルコスとエリカを救うべく、ひとり立ち上がる。

「子を失った父」「父を失った子」という構図を

しつこいほど重ねつつ、物語は、悲劇による憎悪や暴力の連鎖を断ち切るにはどうすればいいかを問いかける。タイトルの「家族（familia）」とは、私たちが生きる理由でもあれば、悲劇の源でもある。テロリズムや移民が置かれた過酷な環境など、この社会の現実を直視しつつ、その根本に横たわる家族のあり方を模索する骨太なストーリーと、当事者性とリアリティを追求したキャスティングや画づくり。さまざまな意味で野心作である。

ただ、期待して劇場へ足を運んだ分、私にとって『ファミリア』は、対話6で述べたような「社会派映画の難しさ」をあらためて感じる作品となった。それについて登場人物やモチーフの点から考えてみたい。

はじめに、物語の求心力となる「子を失った父／父を失った子」の反復の副作用として、序盤から息子の学が「のちに殺されるためだけに登場する人物」のように見えてしまうことがある。学とナディアの美しい夫婦は、誠治にとって生きる希望や目的であった。だからこそ二人の命が絶たれることで、誠治に新しい目的と行動が促される。フィクションとはそういうものだ、という考え方も当然あるが、プロット上の都合や要請が、キャラクターの説得性によって巧妙に隠されるのが優れた物語だとも思う。ラストで示唆されるように、「父」を失ったマルコスとエリカは誠治の「子」になる。その構図が強調されるだけ、学とナディアという血の通った人物の存在意義はそこへ向けて「消えること」に集約されてしまう。

本作のオリジナル脚本を書いたいながききよたかは、公式パンフレットで、三つの「パーソナルな部分」を組み合わせて物語を書いたと述べている。一つは、海外プラント事業の日揮に勤務する友人が巻き込まれた二〇一三年のアルジェリア人質テロ事件。それから、地元の愛知県瀬戸市の隣にあった保見団地。最後に、祖父の代から瀬戸陶芸に携わってきた家系であること。この脚本について、成島出監督は「ネットや本で聞きかじったものをいくつか寄せ集めて作ったものではない、生身の感覚」「根っこの魂」を感じたとコメントしている。なお、いながきは名越啓介の写真集『Familia 保見団地』（世界文化社、二〇一六年）から本作のビジュアルのインスピレーションを受けたとも語っている。

それぞれに異なる背景がある三つの物語をつなぐ結節点として「家族」が見出され、とりわけ父子関係というモチーフが強調されるのには、きわめて限られた情報しか提示できない物語形式である映画としての必然性があるのだろう。

そうしたことを念頭におくと、『ファミリア』の先行作品として自ずとクリント・イーストウッド監督・主演の『**グラン・トリノ**』（二〇〇八年）が浮かんでくる。『グラン・トリノ』の舞台は自動車産業の衰退で荒廃しつつある米ミシガン州デトロイトだ。主人公のウォルト・コワルスキー（クリント・イーストウッド）は、フォード社の組立工として五〇年間勤めあげた年金生活者で、長年連れ添った妻に先立たれたばかり。子供たちとソリが合わず、教会コミュニティからも距離をおき孤立して暮らしている。

自動車産業の労働者が離れた街には、非白人系移民が増えた。差別的で人付き合いの悪いウォルトは隣家のモン族一家のことも嫌っていたが、自分の分身のような愛車「七二年型グラン・トリノ」の盗難未遂事件をきっかけに、その家のタオ（ビー・ヴァン）とスー（アーニー・ハー）の弟姉を気にかけるようになる。タオの家に父親はいない。『グラン・トリノ』もまた「代理父」の物語である。映画の後半では、ウォルトは父親のようにタオを守り、彼の思う「一人前のアメリカ人男性」として育てようとする。タオをとりこもうとするモン族のギャングと、それを阻止しようとするウォルトの暴力の応酬が次第に激しさを増す。

ウォルトはかつて第一騎兵師団として朝鮮戦争に出兵したことを表向きは誇りにしているが、実際はその時の殺人の記憶に苦しんでいる。彼は叙勲された模範的なアメリカ国民であり、犯罪者ではないが、戦争の「罪」の意識から逃れることができない。現代のフィルム・ノワールである『グラン・トリノ』において、その「罪」の意識と愛車グラン・トリノの始末をつけることが、残されたわずかな時間でウォルトに課せられたミッションとなる。

『ファミリア』が『グラン・トリノ』を下敷きにした物語だというのではなく、こうした物語が私たちの現在地を端的に示す「型」なのだと考えたほうがいいのかもしれない。いまの世界は、男らしさや父性的なものの「失敗」や「不在」を通じて描かれるということだ。この「型」において、『グラン・トリノ』のフォード車（グラン・トリノ）に対応するのは、『ファミリア』では窯業、「焼き物」になる。グラン・トリノは、アメリカ的繁栄と結びついた父権制と中間層の文化を象徴する車であり、現在それが完全に挫折し、老い衰えていることを表している。ウォルトが息子や孫たちと分かり合えないことは、長男がトヨタ車のセールスマンで、トヨタ・ランドクルーザーに乗っているという描写を通じて観客に訴えられる。

では、誠治にとっての「焼き物」はどうだろうか。若い頃に荒れていた彼は、妻となる晶子と出会って心を入れ替え、新しく出会った焼き物の世界に没頭する。しかしそのせいで貧乏暮らしを妻にしいることとなり、行商などで苦労した晶子は早くに亡くなる。学に仕事を継がせることを躊躇するのは、ナディアに自分の妻を重ねているからだ。一方で、誠治の焼き物には、それ以上の物語の必然性は描かれない。マルコスやエリカが誠治の穴窯に興味をもち、自分たちの新しい道として見出すのは、ブラジル系移民にあてがわれた自動車・建設・運輸産業などの非正規労働や女性たちが従事する水商売への絶望があるからだろう。だがそれは、意地悪な見方をすれば窯業でなくともいい。産業としての窯業の現代史が、物語上で有機的に位置づけられているとは言いがたい。

それと関連して、誠治の人生において清算すべき「罪」は、もっぱら妻と息子という核家族に閉じられている。最後にその血縁家族からの解放が示唆されることでかえって、在日ブラジル人が置かれた苦境に対する誠治の当事者性（あるいは加害者性）が曖昧なまま放置される。人質事件の対応では日本政府の冷血さや無能さが批判されるが、その構図において誠治は文字通り被害者の側にある。この問題は対話6でも触れたように、とても繊細で複雑な問題であり、唯一の正しい解はないだろう。だが、私たちの社会で暮らす現実のマイノリティ・コミュニティの存在に多くを負う物語である以上、主人公には日本社会の加害者性や責任についてもう一歩踏み込んだ出口が必要だったのではないか。

とはいえ、日本のメジャー映画において在日ブラジル人コミュニティのリアリティを追求し、実際に当事者である無名のキャストを起用した本作の功績は大きい。『ファミリア』を観て触発された移民第二・第三世代や、彼女ら彼らとともに育った若い世代が、本作の到達点を継承し乗り越える作品をこれから作ってくれることを期待する。

1　以上は出入国在留管理庁『在留外国人統計』（二〇二二年一二月末現在）による。

（対話7）
ケアと男性性——苦悩する男たち

ドライブ・マイ・カー

監 濱口竜介／179分／日本／2021年

STORY 舞台俳優で演出家の家福悠介は、脚本家の妻・音と幸せに暮らしていた。しかし、妻はある秘密を残したまま病気で他界してしまう。二年後、喪失感を抱えながら生きていた彼は演劇祭で演出を担当することになり、愛車のサーブで広島へ向かう。そこで出会った寡黙な専属ドライバーのみさきや、生前の妻を知る俳優・高槻と過ごすなかで、家福はそれまで目を背けていた自らの感情に気づかされていく。

クレイマー、クレイマー

Kramer vs. Kramer

監 ロバート・ベントン／105分／米／1979年

STORY 家庭を顧みず、毎晩深夜に帰宅する仕事人間の夫テッドに愛想を尽かし、妻のジョアンナは自分自身を取り戻すため家出を決行する。翌日からテッドは七歳の息子を抱え、仕事と家庭の両立という課題に直面することになる。最初はうまくいかないが、朝食を作り、送り迎えをし、父子は少しずつ心を通わせていく。しかし家出から一年後、ジョアンナは息子の養育権を主張し、テッドは提訴されてしまう。

アイ・アム・サム

I am Sam

監 ジェネシー・ネルソン／133分／米／2001年

STORY サムは知的障害で七歳の知能しか持っていないが、コーヒーショップで働きながら、シングルファーザーとして娘のルーシーを育てていた。しかし、やがて娘の知能は彼を超えて成長し、ソーシャルワーカーからは娘を育てる能力がないのではないかと指摘されてしまう。ルーシーは施設で保護されることが決まり、失意に暮れるサム。しかし、娘と再び一緒に暮らすため、やり手の女性弁護士に助けを求める。

マリッジ・ストーリー

Marriage Story

監 ノア・バームバック／136分／米／2019年

STORY 女優のニコールと夫で舞台演出家のチャーリーは互いにリスペクトし合う仲の良い夫婦だったが、徐々に噛み合わなくなり、離婚を決意する。二人は当初円満な協議離婚を望んでいたものの、話し合いが進むとそれまで溜め込んでいた怒りがあらわになり、弁護士を立てて争うことに。子供をめぐって西海岸と東海岸を行き来し、弁護士を通してやりとりするうちに、夫婦には苛立ちが募ってゆき……。

二〇二一年九月二〇日収録

ケアと男性性――『ドライブ・マイ・カー』

西口 論壇では「ケア」に注目が集まる状況が続いています。

河野 小川公代さんの『ケアの倫理とエンパワメント』（講談社、二〇二一年）やケア・コレクティヴの『ケア宣言――相互依存の政治へ』（岡野八代ほか 訳、大月書店、二〇二一年）など、ケア論を見直す流れが出てきています。人間はどれほど自立しているように見えても、根本的には他者のケアに依存する存在です。そこで、人々を分断・孤立させてきたネオリベラリズムやポストフェミニズム的な風潮を引き戻していき、どのようにケアをし合う社会を構築していくか、ということが問われています。今回は「ケア」を軸に映画を観ていくことにしましょうか。

西口 「ケア」と「男性性」という切り口で二〇二一年に話題になったのは『**ドライブ・**

マイ・カー』（二〇二一年）ですね。
村上春樹の小説を原作にし、設定や展開は上手く改変されています。主人公の家《か》福《ふく》（西島秀俊）は舞台演出家で、ある演劇祭に招聘されて作品を作っていく。それが話の主線なので、映画内演劇の描写が多いのですが、それにとどまらず、演劇の演劇性についての考察が作品全体を貫いているところに魅力を感じました。映画のなかで演劇が登場するとき、肝心の舞台の描写はすごく嘘っぽく見えることが多いと思うんです。「これが現代演劇ですよ」という記号としての描き方しかできていない。いち演劇ファンとして長年それが不満だったのですが、『ドライブ・マイ・カー』はその不信感を吹き飛ばしてくれました。私たちが優れた演劇作品を観るときに味わっている感覚が映画として表現され、それがさらにストーリーに複雑に組み込まれている。

河野 そうですね。この映画で演劇が効果的なのは、映画内演劇のなかでの演技と映画内現実があやうく入れ替わる点だと思いました。私がそれを感じたのは、演劇祭のオーディションで岡田将生演じる若手俳優の高槻が、ソニア・ユアン演じるジャニスに暴力的に迫るシーンで、これが演技なのか現実なのか、観客をハラハラさせます。ここでは鏡が重要な小道具になっていますが、鏡は家福が妻の不倫の現場を目撃する際にも効果的に使われます。また頻繁に挿入される演劇の台詞も意識的に映画内現実とリンクするように狙われていますね。映画内現実と映画内演技の境目が崩れるモメントが散りばめられていて、どれが演技でどれが現実なのかを意図的にグズグズにしています。

西口 演劇では、俳優本人の身体と役としての身体が舞台の上で常に想像的に重なりつつも避けがたくズレています。その重なりとズレがきわめて映画的に表現されていますよね。

河野 映画内現実と映画内演劇が混ざって、どれが真実でどれがフィクションかわからないような二重性のある演出と、主人公の家福が抱えている二重性が共鳴しています。家福は、妻の音《おと》（霧島れいか）の不倫現場を目撃しながらも、それに怒ることをせずにずっと自分自身を抑えながら仮面をかぶって生きているという背景を持っています。そして物語の最後では、自分の欲望に素直になり、妻の不倫に対して怒り、正しく傷つくことができなかった自分と和解する。

西口 その葛藤の昇華が物語の落としどころになっています。北海道で、運転手のみさき（三浦透子）の生家が土砂と雪に埋もれている様を二人で見る場面で、「僕は、正しく傷つくべきだった」という言葉に至る。ちなみに、原作で家福がみさきに最後に言う言葉は「そして僕らはみんな演技をする」です。物語のたどり着く先は、同じようでも、正反対のようでもあります。

人間の多重性・矛盾を受け入れること

河野 簡単に言えば、それは「本心」と「建前」の二重性ですね。家福はその二重性の乖

『ドライブ・マイ・カー』濱口竜介／2021年
土砂と雪に埋もれて潰れたみさきの生家を見つめるみさきと家福

離に苦しんでいる。映画内現実と映画内演技の二重性とその区分の崩壊は、まさに家福のこの二重性の矛盾を演出の上で反復し検討するものになっています。

そしてその結論の場面で家福は、みさきの母親の二重人格についての回想を聞き、傷ついた自分も強がっていた自分も、すべてが本当の自分であるというような「真実」に気づき彼女を抱擁します。妻に不倫をされて本当では傷ついていたけれども、表面上は夫婦生活を続けていた。これは矛盾しているのだけれど、それ自体も自分として認めましょうと。

これが一体二重構造の否定なのか、肯定なのか――そこがこの映画の読解の分かれ道ではないでしょうか。否定である場合は、それは建前はかなぐり捨てて「本心」いや「本音」で生きよう、差別をしても構わないからという、ポストトゥルース時代の有毒的な男性性に結びつく可能性に開かれてしまいます。そうではなく、自分の「本心」を見つめ直し、それと「建前」との関係を練り直していくという方向性もありえるでしょう。私は前者のような可能性を警戒しつつも、後者の読みに賭けたいと感じています。

西口　それだけ、「正しく傷つくべきだった」という台詞を観客は本気で聞いてしまうし、同時に分かりやすすぎて危うさも感じるということかもしれません。家福はみさきとの抱擁を経て、拒否してきた「ワーニャ伯父さん」のワーニャ役を再び演じられるようになります。あまりに自分に近づき、演劇の二重性を保てず一つに呑み込まれそうだったために演じられなくなっていたキャラクターです。二重の自分（二重のみさき）がいて互いに矛盾していてもいいという肯定として、僕もこの台詞を聞きました。

「僕ら」が二重・三重であることをどのように考えるかが、この作品を映画化するにあたっての一番大事なところだったのだと思います。

ホモソーシャリティを切り崩す多声性

河野　ケアの文脈に戻しますと、旧来の支配的な男性性は、他者をケアすることもなければ自分をもケアしないという特徴があります。そのなかで家福は、妻の不倫によって男性性のつまずきを抱えて、セルフネグレクト状態になってしまっていたのです。

それを最終的に見つめなおして、「僕は傷ついていたのだ、怒って良かったのだ」ということに気づく。この映画は、家福が他者に対しても、また自分にすらケアをしなかったという自らの男性性を反省して、新たな主体性――私は「男性学的な主体性」と呼んでいますが――を作り上げる物語だと思うのです。

しかし、それは、五〇がらみのおじさんになってからやることではなく、青年時代に気づけよという気もしますが……。

西口 まあそうですが、それは身も蓋もない感想です(笑)。

河野 そのなかで重視したいのは、多声性です。原作小説では語り手の視点に物語が支配されていますが、映画ではそんなことはなくて、視点自体がバラバラになっていく展開になっています。特に印象的なのは、家福とみさきと高槻の三人が車に乗って、原作にもある長台詞を高槻が言う場面です。「二〇年間、家福さんは音さんと一緒にいて幸せだったじゃないですか。家福さんはそれに感謝しないといけない」という主旨のことを言います。

西口　原作では、家福と高槻が二人でバーで話す場面だったと思います。

河野　そうです。映画では車のなかで、運転手のみさきも同席して聞いているように変更されています。この差異は決定的ですね。つまり原作はホモソーシャル【1】なのです。家福と高槻という二人の男の関係のための貨幣のように、音さんという女性の交換がおこなわれる、ミソジニー的な構造のなかであの台詞は語られている。しかし映画では、ホモソーシャリティを成立させるような台詞をみさきも聞いていて、そのことを二人も意識している。それによってホモソーシャル的でモノロジカルな構造が崩れている。そのような多声性を評価するべきで、家福の中年男性性の物語を多声性が崩しているのではないかと感じます。

『ドライブ・マイ・カー』濱口竜介／2021年
ルームミラー越しに後部座席の二人を見つめるみさき

西口　たしかに。原作では、高槻の長台詞のあとに語り手（家福）が「それが演技でないことは明らかだった」と述べ、ホモソで完結している感じでしたが、映画では、みさきが家福に「嘘を言っているようにも聞こえませんでした」と伝えることによってホモソの完成をうまく回避しているように思いました。

河野　とはいえ、みさきの主体性の描き方は不十分ではないかという感覚が少しあります。ラストではハッピーエンドが用意されていて、実は彼女が主人公だったというような格好で終わってはいるけれど、中年が悟りに至るための媒介にされてしまっている部分があるのではないかと。

西口　「正しく傷つくべきだった」という結論にいくためにはホモソの物語だと難しいから、みさきの物語が前に出てきたのではないかと思います。原作の制約を克服するために。ずっとホモソの見守り役だったみさきが、補助線から主線へと躍り出るラ

1　ホモソーシャルとは、女性および同性愛（ホモセクシュアル）を排除することによって成立する、男性間の緊密な結びつきや関係性を意味する社会学の用語。イヴ・セジウィックの議論によって普及した。

ストはやはり爽快でした。みさきのそうした変化をもたらした一人が、家福の舞台に出る韓国語手話を使うユナ（パク・ユリム）だったのも印象に残りました。

暴力性が外部化された人物造形

河野 一方、高槻のほうに注目してみると、彼は徹底的にダメな男性性の権化ですよね。

西口 原作よりもさらに暴力的なキャラクターになっています。

河野 それとは対照的に家福は基本的に温厚な性格の人物として描かれますが、ひょっとすると、本来は家福が持っているべき暴力性が高槻に外部化されているのではないかと感じました。

西口 もし家福が高槻の持つ暴力性を兼ね備えていれば、典型的なハラスメント演出家ですね。そうすると家福に対する観客の目線も変わってくると思います。

河野 さらに物語が解決しなければならない要素も変わってきます。だから高槻というキャラクターに暴力性を移して、逮捕というかたちで処理した。男性性が持つ暴力性の問題は物語のなかでは真の意味では解決されずじまいなのですよね。

この点は男性性の問題を考えるうえでは避けては通れないと思います。なぜなら、現実の演劇界は、演出家や監督によるハラスメント問題が頻発している世界だからです。その問題はたいてい男性的な暴力と結びついています。その問題を高槻の逮捕というかたちで処理し、未解決のままにしてしまっている可能性は高いと思います。

西口 この作品は、元劇団員からパワハラや退職強要を告発されて係争中の劇団「地点」が協力クレジットされている、ということも無視できず、それを指摘する声もありました。そうした制作のうえでの現実的な文脈と、原作で家福が持っていた被害者意識と混然一体となった暴力性を高槻に転嫁させているストーリーは、完全に無関係であるとは言いきれないのかもしれません。僕は、映画のなかで演劇を問うことの凄みという点で『ドライブ・マイ・カー』を高く評価していますが、私たちの社会と演劇の関係が複雑であるがゆえに、この作品を作品だけで評価することもまた難しいと感じます。

河野　「ハラスメント」についての対談（対話1）でも話しましたが、『**セッション**』（二〇一四年）のようなハラスメント構造をどのように乗り越えるかは、単なるＰＣ的な問題にとどまらず、我々が今後も作品を楽しむためにも重要なポイントであると思います。

イクメンになる男、最初からイクメンの男
――『クレイマー、クレイマー』『マリッジ・ストーリー』

西口　次に、ケアと男性性の問題に関する他の作品も考えていきましょうか。ラジオ番組「文化系トークラジオ Life」の「ケア」をテーマにした回に河野さんが出演されていましたが、そこで言及されていた「イクメン映画」の系譜の話を改めてうかがいたいです［2］。

河野 ケアと男性性について歴史的に遡ってみると、この問題は、男性が子育てというケア労働に参加するにはどうするかという問いかけのかたちで出現してきました。メンズリブ運動の源流というべき「男の子育てを考える会」（一九七八年発足）がまさにそれですね。一九八〇年代からは、暴力性の問題が注目され、一九九〇年代は男性性研究や男性学というかたちで学問的にも取り込まれていきました。

そのなかで重要な作品は、なんといっても**『クレイマー、クレイマー』**（一九七九年）です。私が初めて観たのは中学生くらいだったのですが、非常に感動してしまった映画でした。仕事人間でろくに家事もできない主人公のテッド・クレイマー（ダスティ・ホフマン）が、妻に逃げられて子育てをしなければならなくなる。このときに妻のジョアンナ（メリル・ストリープ）は専業主婦に飽き足らず自分の夢を追いかけて子育てを「放棄」するという、一九七〇年代当時のフェミニズムに対するミソジニー的な反感が反映されたキャラクター設定です。一方、テッドは、はじめはフレ

2　TBSラジオ「文化系トークラジオ Life　ケアってなんだろう？〜令和時代のつながりと責任の話」二〇二一年八月二九日放送

ンチトーストも作れないくらいケアができない存在でしたが、それがだんだんと子供と心を通わせていくなかで、家事もできるようになっていく。つまり、仕事人間だった男性性を修正していき、ケアする主体になっていく物語として捉えられます。

この問題意識を現代に継いだ作品としては、二〇一九年公開の『**マリッジ・ストーリー**』が挙げられます。

西口　『マリッジ・ストーリー』で登場する夫のチャーリー（アダム・ドライバー）は、『クレイマー、クレイマー』とは対照的に、最初からケアする父親ですよね。

河野　そうなんです。ここでは「イクメン」であるかどうかは問題にさえされない。それは前提となっているのです。これを私は「ポストイクメン物語」と名づけています。『クレイマー、クレイマー』を代表とする第一期イクメン物語ではイクメンたることを男性が学ぶというこのプロットがあり、それに続いて『マリッジ・ストーリー』に代表されるような、そもそもそんなことは問われもしないポストイクメン物語が出現するという大きな流れがあります。その二作品の間を埋める作品のひとつが『**アイ・アム・サム**』（二〇〇一年）です。

障害と男性性——『アイ・アム・サム』の障害表象

西口 その流れで『アイ・アム・サム』が出てくるのが意外で観なおしたのですが、たしかに『クレイマー、クレイマー』にストレートに言及した場面があって驚きました。

河野 あの映画は『クレイマー、クレイマー』の父を意識的に障害者に置き換えた映画と言えますね。

障害に関しては、一九九〇年代以降にさまざまな映画でその表象が見られますが、その共通のパターンは、時代の流れにともなって非規範的になってしまった男性性が障害というかたちをとって表象されるというものです。たとえば『**恋愛小説家**』（一九九七年）ではコミュニケーション能力が欠如した主人公男性が登場しますが、彼はコミュ力が欠如しているから男性性を失っているのではなく、コミュ力の欠如そのものが男性性の不調なのです。ほかには吃音を描いた『**英国王のスピーチ**』（二〇一〇年）など、男性性と障害は、絡み合わされて表現されることがすごく多いのです。
　それを前提として考えたときに、『アイ・アム・サム』では、サム（ショーン・ペン）が抱える発達障害は、規範的な男性性からの逸脱の表現として見るべきものです。その際規範的なものと想定される男性性は「イクメン」です。そのように捉えると、障害を乗り越えて父親になる物語は、イクメンという規範から外れてしまった男性が、イクメン的男性性を獲得する物語に読めてきます。

西口　『アイ・アム・サム』について、サムの障害がイクメン規範からの逸脱と（再）獲得を表現している、という議論なのですね。すごく腑に落ちる部分と、あまりピンとこない部分とがあります。というのも、サムという存在、サムの抱えている障害、そしてイクメン規範に対するこの映画の眼差しは、もうちょっと曖昧なのではないかと思うところがあるのです。たとえば、この映画は、子育てが大変な乳幼児期をブランコに乗っている間にスキップしているんですよね。その間に母親もいなくなっちゃっている。つまりサムは一人で子育てしていたはずなんです。それを乗り切って娘との関係が崩壊していないというのは、現在から見ても類いまれなイクメンぶりです。他方で、サムの障害に「理解」がある職場での振る舞いでは、彼には通常求められる能力が不足しているように表象されている。障害の描き方に物語の恣意性を感じます。それは当時のイクメン像が定まっていないことによるのかもしれませんけど。

河野 なるほど。私の議論は逆かもしれないですね。サムは、「スーパークリップ」的な表象としても見ることができるのかもしれません。スーパークリップというのは、障害者がむしろ健常者は持っていないような素晴らしい力を持っている、もしくは障害があるにもかかわらず、大変な努力をして高い能力を身につけた人たちを指します。サムは日常生活では能力は劣っているけれども、実は父親という点においてはどんな健常者よりも優れていると。彼は、本当はスーパークリップ的な素晴らしい父親なんだけど、いかんせんそのための物理的能力に欠けていると周囲からはみなされている。それがまさに彼にとっての障害である。すでにイクメン的な男性性が規範化してきているなかで、サムはその規範に誰よりも見事に適応しているんだけれども、それを社会が認めない。それがゆえに、障害者として表象されてしまう。

なるほど、そういう捉え方が正確でしょうね。
そう考えるとこの作品からは、社会の側がアップデートされなければならないんだというメッセージが読み取れますね。サムはイクメン規範に本当は追いついているけれども、サムの周りの社会はそれに追いついていないと。

養育権をめぐる法廷闘争――『マリッジ・ストーリー』

西口 イクメン映画の系譜を見ていくと、『アイ・アム・サム』も『クレイマー、クレイマー』も、最終的には養育権をめぐる法廷の物語になります。ほかのイクメン映画も似たような展開が多い。物語が養育権のゆくえに収斂されていき、そうなるとやはりある種の単純化が避けられない。系譜をたどると物語の型が見えてきて、そこから今の作品の新しい要素を読み取れるのが面白いのですが、その型自体の制約もあると思いました。

河野 法廷物は判決という「解決」がありますから作りやすいという事情はあります

ね（笑）。

西口　とはいえ『マリッジ・ストーリー』は、離婚をめぐる法廷物になりつつも、現代的なかたちで着地させるその方法が素晴らしいなと思いました。この映画は、離婚前に夫婦二人で受けたカウンセリングで書くように言われた、互いの良いところを挙げていくメモのナレーションからはじまります。ラストシーンでそこに戻る。かつて関係修復のために書かれ、目的を果たせなかったテキストです。その宛名をうしなった言葉を、文章を読むのが苦手だった息子が成長して、彼の父親／ニコール（スカーレット・ヨハンソン）の元夫であるチャーリーに読み方を教わりながら、たどたどしく読む。

書かれたテキストとそれが読まれる状況が時間的・空間的に入り組んだ構造を作っている。それは『ドライブ・マイ・カー』に感じた演劇の面白さとも通じます。くしくもチャーリーの職業は舞台演出家で、ニコールは俳優です。

河野　やはりここでも多声性がカギですね。旧来的な男性性はすごくモノロジック（単声的）な主体性であるので、それを解きほぐす物語の表現が多声的なものになっていくのは必然的かもしれません。『マリッジストーリー』は『ドライブ・マイ・カー』ほど演劇をうまく使えていないかもしれませんが、書かれたテキストとそれを読み上げる声が混ざり合って多声性を作り出していますね。

西口　夫婦二人でもう一度話し合いをしようとするシーンも印象に残っています。チャーリーがロスに借りたアパートにニコールが来て対話を試みるのですが、非常に激しい口論になる。チャーリーが借りたばかりのアパートの壁を殴って穴を空けてしまいます。そのシーンまで、観客にとってチャーリーはある意味で理想的なイクメンです。マネジメント能力も芸術的才能もあるブリリアントな存在として描かれています。それに対してニコールは、彼が話を聞いてない、自分を道具として見ていて尊重していないと離婚を主張していまし

『マリッジ・ストーリー』ノア・バームバック／2019年
ニコールの良いところを書いたメモを読み上げる息子と父のチャーリー

た。もしかするとニコールの主張は、この口論のシーンを見るまでは、チャーリーに魅力を感じている観客にピンとこない。チャーリーという男性はなかなか得難い人のように見えるから。しかし、あの口論の場面で観客はチャーリーの問題を直視せざるをえなくなります。

もちろんそこに小さい子供を同席させるわけにはいかないので、どうしても二人で話すことになるけれど、二人で話してもお互いに傷つけあうだけになってしまう。だから第三者を入れなきゃいけないいけど、弁護士を立てると余計問題が悪化する。そのどうにもならなさにヒリヒリします。

解決されない暴力性

河野 いまおっしゃった場面は僕もすごく印象に残っています。もう一つ忘れられないのが、裁判所の調査員がチャーリーのもとへ来たシーンです。

西口 息子のヘンリー（アジー・ロバートソン）から、いつものナイフを使った遊びをやってと請われるも、親としての適性を審査するためにやってきた調査員の女性を前にして、チャーリーは息子のリクエストに答えられない。嘘がない自然体を演出しなければいけないのに、息子と暮らせるかどうかの窮地に追い込まれているために、どうしようもなく不自然な振舞いをしてしまう。後になって、その不自然さを弁明するかのようにナイフ遊びをやって見せ、自分の手を切っちゃったシーンですね。

河野 壁に穴をあけたり自分の腕を切ったりするシーンは、暴力性の問題として考えなく

『マリッジ・ストーリー』ノア・バームバック／2019年

ナイフで腕を切って流血したことを誤魔化そうとするチャーリー（上）と、その様子を見て固まる裁判所の調査官（下）

てはいけないと思います。僕の主張が正しいなら『ドライブ・マイ・カー』は暴力性を別のキャラクターに外部化した。その一方で、『マリッジ・ストーリー』では、西口さんのおっしゃる通り、温和に見えていたチャーリーのなかにある暴力性が表現されています。

自分を切って血を流すというのは、偶発的なものですし、暴力は自分に向かっている。ここでの暴力は、主体もないし対象もよくわからない。非常に奇妙で解釈しきれないシーンですよね。この解釈しきれない細部は、解決しきれない男性性の問題、暴力の問題に触れている感じがします。

西口 あの場面は本当に変で、切なくて、面白いですよね。あの裁判所の調査員の女性は奇妙な第三者として存在しています。チャーリーは初めて会うその他者に、父親として適格かどうかを評価されている。その緊張感のなかで、偶発的に自らの暴力性が自分に向かう。でもその滑稽ささえも認めるのが怖くて、止血もできない。調査員も彼の異変に気づいているけど、その様子に圧倒されていて、何も言わずに出ていく。

河野　『ドライブ・マイ・カー』は、暴力を外部化することによってカタをつけてしまったけれど、『マリッジ・ストーリー』はどうもカタのつかない暴力性が解決されずに残っているといえるでしょう。

『カモン カモン』とイクメン物語のゆくえ

河野真太郎

カモン カモン
C'mon C'mon

監 マイク・ミルズ／108分／米／2022年

STORY ニューヨークでひとり暮らしをしていたラジオジャーナリストのジョニーは、妹から頼まれて九歳の甥ジェシーの面倒を数日間みることになり、ロサンゼルスの妹の家で甥っ子との共同生活が始まる。好奇心旺盛なジェシーは、疑問に思うことを次々とストレートに投げかけてきてジョニーを困らせるが、その一方でジョニーの仕事や録音機材にも興味を示してくる。それをきっかけに次第に距離を縮めていく二人。仕事のためニューヨークに戻ることになったジョニーは、ジェシーを連れて行くことを決めるが……。

本章の対談をした後に、男性性とケア、もしくはイクメン物語という意味では重要なテクストと映画作品が少なくとも一つずつ世に問われた。テクストとは関口洋平『「イクメン」を疑え！』（集英社新書、二〇二三年）であり、映画とはマイク・ミルズ監督の**『カモン カモン』**（二〇二二年）である。『「イクメン」を疑え！』は、『クレイマー、クレイマー』をはじめとして、**『ミセス・ダウト』**（一九九三年）、**『幸せのちから』**（二〇〇六年）といった

「イクメン映画」を論じており、本章の対談への重要な補足となっている。たとえば、関口は『クレイマー、クレイマー』を、フェミニズムの時代に男性は従属化したと思いこむ男性たちによる「男性権運動」の文脈で読む。男性権運動が依拠したのは、フェミニズムが法と法廷を使って男性の既得権を切り崩しているという考え方であった。つまり、本章で私が軽く流したのとは違って、「法廷」というモチーフはイクメン映画の系譜にとってより重大な意味を持っていたのであり、『マリッジ・ストーリー』がやはり法廷のモチーフ、そして裁判所の調査員のまなざしの元に置かれるチャーリーの主体性をどう考えるかは、もう少し複雑な問題を抱えていそうである。

『カモン カモン』は、二つの視点から非常に興味深く重要な作品だ。一つは、この作品が明白に『クレイマー、クレイマー』から『マリッジ・ストーリー』に至るイクメン映画の系譜の上にあること。そしてもう一つは、『20センチュリー・ウーマン』（二〇一六年）や『人生はビギナーズ』（二〇一〇年）などで男性性とケアの問題に取り組み続けてきたマイク・ミルズの新作であるという点である。

『カモン カモン』は、『「イクメン」を疑え！』が批判するようなイクメン物語に陥っていない作品としてまずは評価できるだろう。関口のイクメン物語に対する批判のポイントは大きく分けて二つで、ひとつはそれが前述のようにある種の「弱者男性論」になっている（したがってアンチ・フェミニズムになっている）こと。そしてもう一つはイクメンの物語が新自由主義的な物語となり、「イクメン」になりうることが、新自由主義下での人的資本の高さになってしまうことである。また後者においては、育児やケアは非常に個人的なものへと切りつめられる。そういった限界を、『カモン カモン』は超えている。

ポイントは、関口がそのような意味での「イクメン」の代替案として提示する、「ケアのネットワーク」ヴィジョンだろう。ただし、ホアキン・フェニックス演じる主人公のジョニーが、甥っ子のジェシーの擬似的な父親となっていく『カモン カモン』が、「集団的な育児」の具体的な有様を直接に提示するわけではない。

逆に、この作品はまず、否定的な形でケアがネットワーク化されていることを示す。つまり、ジョニーがジェシーの疑似的な父親になる（ケアラーになる）原因は、音楽家であるジェシーの父が精神を病み、母が彼のケアに全ての力を注ぐことを強いられるからである。ジェシーがケアを必要とするようになるのは、彼の家族のなかの「ケアのネットワーク」が、父の病によって不調をきたすからだ。そこでは、否定的なかたちで、ケアが個人の問題ではなく相互依存的なネットワークの上にあることが示されている。

ジェシーは、自分の母親やジョニーを相手に、自分は親に死なれた孤児であり、母やジョニーが子供に死なれた親であるという「設定」でコミュニケーションをしようとする。この奇妙な行動は何を意味しているのだろうか？ 私はこれは、「ケアする者」と「ケアされる者」との関係を転倒、もしくは切り崩しているのではないかと考えている。つまり、親（もしくは伯父）と子供という一方的な「ケアする者とされる者」の関係を、親／伯父もまた傷を負った、ケアされる必要のある存在へと変えることで変化させているのではないか。そうすることで、ケアし、ケアされる相互依存関係を生み出そうとしているのではないか？

それによって起きているのは、作品全体においてケアする人がまたケアを必要としている人である」という図式が徹底される、ということだ。ジョニーと妹（ジェシーの母）のヴィヴは、二人の母のターミナル・ケアにおいて衝突し、良いケアをすることができなかったという傷を共有していることが示されるし、ジョニーはかつてルイーザという女性とつきあっていて、いまでも愛している（けれどもどうやら別れてしまった？——もしくは死別した？）という傷を抱えて、それを決してジェシーに開示はしないけれども、示唆はする。

『カモン カモン』が関口の批判するような「イクメン」物語になっていないのは、そのようにケアする者がケアを必要とする存在としてあくまで提示されるためである。そこに生じる相互依存は「ケアのネットワーク」の基礎だ。

（対話8）

映画のなかのミソジニー

——能力と傷をめぐって

ジョーカー

Joker

監 トッド・フィリップス／122分／米／2019年

STORY 荒廃した大都市ゴッサム・シティで派遣ピエロとして働くアーサーは、コメディアンになることを夢見ながら年老いた母親とつつましい生活を送っていた。ある日、上司からクビを宣告され、その帰りの地下鉄で暴行してきた会社員3人を射殺してしまう。犯行後にアーサーは言い表せない高揚感を感じる一方で、この事件は、貧困層から富裕層への復讐と捉えられ、犯人に対する共感が街中に広がっていく……。

バーニング　劇場版

Burning

監 イ・チャンドン／148分／韓国／2018年

STORY 小説家志望の青年ジョンスは、幼なじみのヘミと偶然再会し、彼女がアフリカへ行く間の飼い猫の世話を頼まれる。旅行から戻ったヘミは、現地で知り合ったという金持ちベンをジョンスに紹介する。ある日、ベンはヘミと一緒にジョンスの自宅を訪れ、「僕は時々ビニールハウスを燃やしています」という秘密を打ち明ける。その日を境にヘミが忽然と姿を消してしまい、ジョンスは、必死で彼女の行方を捜すが……。

パラサイト 半地下の家族

Parasite

監 ポン・ジュノ／132分／韓国／2019年

STORY キム一家は家族全員が失業中で、その日暮らしの貧しい生活を送っていた。ある日、長男ギウがIT企業のCEOであるパク氏の豪邸へ家庭教師の面接を受けに行くことに。そして妹ギジョンも、兄に続いて豪邸に足を踏み入れる。正反対の二つの家族の出会いは、想像を超える悲喜劇へと猛スピードで加速していく……。

二〇二〇年五月二四日収録

ポピュラー・フェミニズムとポピュラー・ミソジニー

――#MeToo以降のヒット作を読み解くキーワード

河野 今回は、まずは「男性性と階級」をテーマに『**ジョーカー**』(二〇一九年)、『**バーニング 劇場版**』(二〇一八年)、『**パラサイト 半地下の家族**』(二〇一九年)の三作品を横断的に考えていきたいと思います。

西口 初見は劇場でしたが、どれも面白い作品でした。今回、河野さんに事前にご紹介いただいたサラ・バネット＝ワイザーの論文「エンパワード――ポピュラー・フェミニズムとポピュラー・ミソジニー」[1]を読んでから観直したので、男性性と格差が主題になったこのヒット映画三作が「ポピュラー・フェミニズム」――それ自体が近年の映画の主要なモチーフになっていますが――の裏側に張り付いている

1 『早稲田文学 二〇二〇年夏号』(筑摩書房、二〇二〇年)所収。訳・解説は田中東子。サラ・バネット＝ワイザー『エンパワード』(堀之内出版より二〇二四年秋に邦訳刊行予定)の序文。

「ポピュラー・ミソジニー」と深い関係をもつ物語なのだという、新たな気づきがありました。

河野　今回取り上げる映画を読み解くうえでとても示唆的な議論だと思ったので事前にシェアしました。この論文では「ポピュラー・フェミニズム」が論じられているのですが、二〇一七年ごろから盛り上がりを見せている #MeToo 運動が代表的ですね。それは、部分的にはメディア上で可視性を得ることで成功したフェミニズムです。そうすると、逆にそうではない、可視性を得られないフェミニズムというのが生じてくる。それらの分断があって、そのなかでのポピュラー・フェミニズムを問題にするのがバネット＝ワイザーの議論です。あの論文の面白いところは、これらのフェミニズムに対応するようなかたちでポピュラー・ミソジニーが出てきているという指摘ですね。キラキラと輝くようになったポピュラー・フェミニズムは、ある層の男性からみると非常にエスタブリッシュされた――つまり勝ち組的で、社会の中心にあるような――階級の運動として映っていて、フェミニズムは呪詛の対象になってくるのです。そこで現代的な新たなミソジニー（女性嫌悪、女性蔑視）が醸成されてしまっている。これは日本にも当てはまる説得力のある議論ですよね。そして、今回取り上げる映画はこれと相当に親和性が高いです。

失われた地位を「取り戻す」物語

西口 僕が面白いと思ったのは、バネット＝ワイザー論文が、ポピュラー・フェミニズムとポピュラー・ミソジニーは「能力と傷」という物語を共有している、と指摘していることです。女性たちは、女性というジェンダー属性によって社会から傷つけられ、本来の能力を発揮できない。ポピュラー・フェミニズムのナラティブでは、傷の物語と能力の発揮の物語が対になっています。そしてポピュラー・ミソジニーも、女性の地位向上と多文化主義によって、本来発揮できたはずの能力、得られるはずだった地位が奪われた、それを取り戻さなければならない、といった語りになっている。

もちろん、両者は等価なものでは絶対にありません。ただ、語りのレベルにおいてはミラーリングになっている。その「鏡」の正体というか、共有されている言説のバックボーンは、思想としてのネオリベではないかとバネット＝ワイザーは指摘しています。

その点、『ジョーカー』のプロットはこの定型をなぞるかのように、主人公アーサー（ホアキン・フェニックス）がさまざまな傷を負い、主人公の「夢」であるコメディアンとしての能力をめぐる葛藤で展開していきます。

河野　ポピュラー・ミソジニストが抱く傷の感覚というのは、フェミニズムのせいで自分たちは苦しい目に遭っているという、現実に即さない不当な剥奪感ですね。バネット＝ワイザーが指摘している重要なことは、ポピュラーになりえるフェミニズムは、あくまで部分的であるということです。私が『戦う姫、働く少女』で指摘したように、女性のなかには階級分断が存在しているのですが、ポピュラー・フェミニズムでキラキラ輝く人たちは女性たちのごく一部分でしかありません。しかしポピュラー・ミソジニストはその全体が見えていない。女性のなかでの階級分断が見えないままにルサンチマンを募らせてきている。そこを解きほぐさないといけないのです。

『ジョーカー』は非常に多義的な映画だと思います。一方で主人公アーサーはそんなに物事が見えている人ではない。自分がどういう社会に生きて、その苦しみがどこから生じているかは、おそらく最後まで自覚しないままです。ところが意図せざる結果として、上流階級に対する人々のルサンチマンにたまたま火をつける。このストーリーとポピュラー・ミソジニーのあり方は非常に似ている部分があります。ポピュラー・ミソジニストはさっき言ったように全体が見えないままに恨みを募らせます。それでSNS上でそういう感情に火をつけたりする状況がある。それを見事にアーサーの姿を通して描いている。

『ジョーカー』のポピュリズムをどう捉えるか?

河野　『ジョーカー』のラスト近くではポピュリズム[2]の問題に焦点が当たっています。あれを左派ポピュリズム的な、支配層に対する抵抗として肯定的にみていいのか、それとも単なる、排他的でさらなる弱者を抑圧するような右派ポピュリズム的な感情の爆発だと否定的にみるべきなのかは、決定不可能なようにつくられています。

アーサーが暴走するきっかけとなるのは、一方では同僚にもらった拳銃を落としてしまって仕事をクビになるということと、他方で福祉を切られるということですよね。まさにネオリベラルな緊縮体制の犠牲者。その筋で読んでいくと、左派ポピュリズム的な読み方が可能になり、アーサーによる殺人と民衆の暴動はネオリベラルな体制に対する反乱であるというふうに積極的に評価することが可能になってきます。ところが、抵抗のあり方が十分に社会化されておらず、殺人に至る経緯も偶然によるものが多い。つまり、彼の抵抗は単なるルサンチマンが反転した暴力でしかないという側面を持っているということです。それは映画の魅力であり、危険なところでもあります。ひょっとすると、最後に勃発する革命はミソジニー感情と非常に親和性が高いかもしれない。そういう問題を抱えた映画で、評価も難しいなと感じました。

『ジョーカー』トッド・フィリップス／2019年
熱狂した群衆に取り囲まれ、ポーズをとるジョーカー。

西口　それに関連して僕が面白いと思ったのは、「薬」の表現です。アーサーの受けていた福祉は、主に専門家によるカウンセリングの「役に立たなさ」として描かれますが、さりげなく随所で薬の描写があることも物語上効いています。多量の睡眠薬や精神安定剤、抗うつ剤を処方されているアーサーにとって、緊縮財政によって福祉が切られることは、薬が切れるということをも意味していました。薬の残量や服用状態を示すカットが重要シーンの前後で入っています。殺人者になったアーサーは、「薬をやめた。すごくいい気分だ」とかつての同僚に話します。ここも観客の解釈を揺さぶってくるところです。

河野　薬を飲んでいるアーサーは非本来的な存在であって、薬を手放したときにこそ本当の自己が覚醒する。これは実はネオリベラリズムの体制の肯定になっているんですよ。薬が象徴しているのは、個性を抑圧するという意味での福祉国家体制ですよね。

2　大衆の人気を得ることに特化した政治思想。移民の排斥を訴える右派ポピュリズムや、権威主義やネオリベラリズムに対抗する民衆の連帯を動員しようとする左派ポピュリズムが存在する。トランプ大統領の登場や、イギリスのEU離脱が右派ポピュリズムの典型例として挙げられる。

それを手放して、障害を負っているけれども本来的な自分でそれを生きるべきという話になっているのは、ネオリベラルな、緊縮体制のイデオロギーを広い意味では共有している感じがするわけです。

原作にはなかった階級性、地域性を織り込む映画たち

西口　『ジョーカー』の舞台は一九八一年のニューヨークをモデルにした「ゴッサムシティ」です。僕はある原稿で、この映画における格差や貧困が「現在の私たちのリアリティに直接通じている」と書いたのですが、ぬるかったなと少し反省しています。その「リアリティ」を「ネオリベ的な世界観」と言い換えるなら、ジョーカーを生み出したのは他でもなくネオリベラリズムである、とはっきり指摘できるからです。

デヴィッド・ハーヴェイの『新自由主義――その歴史的展開と現在』（渡辺治ほか訳、作品社、二〇〇七年）には、一九七〇年代後半のニューヨークが、一九八〇年代以降に世界を席巻するネオリベ勢力の実験の場となり、そこでの成功体験がその後の南米

やアジアでの金融資本による収奪の枠組みをつくったという歴史が書かれていま す。東アジアでの代表例が、一九九七年の韓国の通貨危機とＩＭＦ体制です。つまり、「ジョーカー」がネオリベラリズムと同時に誕生したと考えるなら、東アジアに転移したその子供たちが『バーニング』や『パラサイト』だと言えるのではないでしょうか。映画『バーニング』は、原作である村上春樹の小説「納屋を焼く」にはなかったはずの階級問題が主題として織り込まれています。

河野 そうですね。『バーニング』は原作に忠実なふりをするのですが、決定的に違う映画になっています。階級に加えて地理的な問題も入っていますよね。主人公イ・ジョンス（ユ・アイン）が住んでいる田舎の農場は、軍事境界線付近の地域です。それに対してベン（スティーブン・ユァン）が住んでいるのはソウルの一番セレブな地域。明確に階級性と地域性を対立させて物語が語られていく。こういうかたちで改変されているのは非常に面白い。

西口 『バーニング』に出てくるベンは、軍事境界線近くの生家に戻ったジョンスとは対照的に、ソウルでも随一の高級住宅地・江南《カンナム》にマンションの一室を持っています。家のなかはいつも綺麗で広々としていて、小洒落た料理を自分でつくったりする。物腰も柔らかく、「仕事と遊びの境目がない」と言いながら何らかのビジネスで成功を収めている。当然、女性にもモテる。

この改変で面白いのは、江南に不動産を所有する可能性は、いまは落ちぶれた酪農家であるジョンスの父親にもあったのだと父の旧友の弁護士から囁かれることです。父がネオリベ化の波にうまく乗れていれば、ジョンスもベンのような生活を送れたかもしれない。一九九七年以降の格差拡大において両者の明暗がくっきり分かれているがゆえ、ベンに対するジョンスの執着が必然的なものとして描かれています。

『バーニング　劇場版』イ・チャンドン／2018年
高級住宅地のマンションの一室に住むベン（上）と、
軍事境界線近くにある生家を訪れるジョンス（下）

もう一つ、この映画の原作からの改変で重要なのは、ラストシーンで直接的な殺人を描いたことですよね。村上春樹の「納屋を焼く」に対して、「彼女」が失踪したのは「彼」が殺したからではないか、という解釈は昔からあった読み方です。でもそれはもちろん小説内では描かれていません。『バーニング』はその解釈に寄せてつくられているようです。

是枝裕和監督の『**そして父になる**』（二〇一三年）にも似たところがあります。沖縄で起きた「赤ちゃん取り違え事件」のルポを骨組として拝借しながら、もとの事件にはなかった地域的な違いや格差の要素を加えていく。『バーニング』のつくり方との共通点を感じました。

河野 原作と比較したときに、階級のナラティブに落とし込むことで作品としてより面白くなるというようなことが起きていますね。

ただ、その辺りの評価について、ちょっと私はアンビヴァレントです。『パラサイト』も含めて、新しさとなっていて素晴らしいと評価できるかと問われると、そうともいえないのかなと。

「格差」に比べて、あまり意識されない「階級」

西口　『パラサイト』までいくと、ポン・ジュノという映画作家の資質もあって、そうした格差を笑いに転化する方向まで振り切れていますよね。社会問題として真面目にどうこうしようというより、エンタテインメントとして割り切った作品になっています。

河野　そうですね。ただ、そこで描かれていることが「格差」なのか「階級」なのかということに注目したいです。私の定義では、格差というのは単なる経済的な差のことであって、非常に個人主義的な概念です。そのなかで人々は梯子を上ったり下りたりして競争をしている。その一方で、いま私たちが想像できなくなってしまっているのが階級です。これは一言でいうと、自らの階級意識を伴って所属すべきコミュニティのことです。最近の映画作品は、格差を描くことはできていても、どこまでいっても階級を表象できていません。

『バーニング』の場合は、ひょっとすると階級というものに変わっていくかもしれないような格差の存在があるのですが、ところがそれは男性性の問題に落とし込まれ、暴力による個人的な解決がもたらされて終わってしまいます。ポピュラー・ミソジニーに囚われてしまった有毒の男性性を解決するときに、すごく個人的な解決に落ち込んでしまっています。

ではどうすればいいのでしょうか。個人で頑張ってフェミニズムに応答した正しく新しい男性主体をつくっていきましょうというミッションが提起されるとき、男性のあいだでの階級問題が忍び込んできます。おそらくそのようなミッションに上手く対応できるのは中流的な男性主体です。分かりやすい例だとイクメンみたいな話だと思いますけれども、それができるのは基本的に中流です。『ジョーカー』のアーサーや、『バーニング』のジョンスのような人たちはそういった男性性に乗れないし、フェミニズムに応答することもできない。そのなかでポピュラー・ミソジニーに向かってしまう。これがいま起きている構造のポイントになってくるのかなと思います。

弱者男性にとっての父親――『ジョーカー』『バーニング』

西口　『ジョーカー』と『バーニング』について考えると、男性主人公による父親をめぐる物語になっていることも共通しています。

『ジョーカー』でアーサーは当初、憧れのテレビ司会者マレー（ロバート・デ・ニーロ）が父親のように接してくれるという妄想に耽り、ゴッサムシティの市長に立候補する実業家のトーマス・ウェイン（ブレット・カレン）が実の父親であるかもしれない可能性にすがるなど、常に成功した父親を求めている。その希望が挫折するところから物語が駆動します。

『パラサイト』はかなり変化球ですが、『ジョーカー』と『バーニング』の物語の基調には、弱者男性にとっての「父親」という問題が共有されています。そのことと、河野さんが指摘された、「格差」から「階級」へと展開されるべき社会問題が個人的な男性性の暴発や暴力の物語に落とし込まれてしまうことは、何か関係しているのではないかと思います。

河野 私は『新しい声を聞くぼくたち』（講談社、二〇二二年）で、江藤淳『成熟と喪失―“母”の崩壊』（講談社文芸文庫、一九九三年）について論じました。二〇世紀的な文脈では、ミソジニーを育てていく根源に、あまりにも影響力の強い母親の元から独立しようとしてもがくという母‐息子関係があります。江藤淳の基本的な認識としては、母親が息子に教育を与えて成長させて出世させたいという気持ちは片方であるのだけれども、頑張ればどのような職業にも就ける、ということになってい

『ジョーカー』トッド・フィリップス／2019年
アーサーの空想のなかで、父子のように親しくするマレーとアーサー（上）
自分の父親であることを認めるようにトーマス・ウェインに迫るアーサー（下）

るメリトクラシー社会のもとでは、本当に出世されてしまうと違う階級に行って自分の元を離れていってしまうから、それを引き戻そうという欲望も働く、そういう認識があったと思います。

そこで父親がどうなるのかという問題ですが、江藤淳は、小説作品を引きながら父親に対する「恥の感覚」を指摘します。メリトクラシー社会は階級上昇を目指す社会なので、息子からしてみると基本的に自分は父親よりも上の階級にいかなくてはなりません。ですから、父親の職業は恥じるべき対象として形象化されていった。母・息子関係とそのなかでの父の位置が二〇世紀的な物語のなかでは基本的な型としてはあります――江藤においてはこれに加えて日本の敗戦とアメリカとの関係という問題がありますが。西口さんが指摘される問題は、もしかしたらこれと関係があるのかなと思いました。

西口 父親に対する「恥の感覚」が、メリトクラシー社会における母子密着関係の感情のベースにあるということですね。そう考えるとこれは、二〇〇〇年代以降の『成熟と喪失』とも言える問題系なのかもしれませんね。

いまさら父を越えている場合じゃない――『パラサイト』の親子関係

河野　『パラサイト』の主人公サイドの父親は、ポン・ジュノ監督の作品に出てくる父親像との連続性はあると思うのですが、一味違う部分があって、これをどう考えるべきでしょうね。一般的な批評として「あの家族は理想的過ぎる」という話はありますよね。仲が良すぎるし、能力も高いじゃん、と。

西口　社会的には明らかに「負け組」であるにもかかわらず、なぜか近代家族として崩壊せず、子供や妻からちゃんと「お父さん」として扱われ、独特の地位を築いていますよね。それが『パラサイト』の面白さの土台をなしているように思います。

『パラサイト』のラストシーンは、地下に籠った父親のギテク（ソン・ガンホ）を救うために、息子のギウ（チェ・ウシク）が金持ちにならないといけないと決意するというものです。『ジョーカー』と『バーニング』は暴力で解決しますが、『パラサイト』はお父さんを救うためにセレブになりたいという皮肉な終わり方で、その違いも面白いです。

河野　「いまさら父親を越えている場合じゃない」ということですかね。メリトクラシー社会がまだ成立しているならば父親を越えていくような世代間物語が成立するわけです。ここのところの家族を扱った作品は、現存の家族を没落させないでいることに精一杯であるような現状にフォーカスした作品が多いと感じます。家族が個人を守る共同体たりえていない現在において、あのようなかたちで家族を表象し直して、幻想のなかで息子が父親を救うという話ですよね。これを映画として提示するのは、個人主義的なネオリベラリズムを補完するのではないかと思うのです。そういう文脈で、完全な意味では「格差社会の告発」になっていない、というのが『パラサイト』についての私の結論です。

西口　教育学者の本田由紀さんが提唱した概念に「ハイパー・メリトクラシー」がありますが、これは従来の近代的なメリトクラシー社会がネオリベラリズムを経由して一度崩壊したあとのポスト近代的な業績・能力主義を指しています。ペーパーテストのような画一的な指標よりも、「コミュ力」や意欲・創造性、コネの有無などが人の選抜にあたって重視されるようになった社会のことで、そうなると結局は支配階級のネポティズム（縁故主義）に回帰する。ハーヴェイ的に言えば、この一連の流れが資本家階級から仕掛けられた階級闘争と言うべきものであり、これは現在の日本でも起きていることです。『パラサイト』はそうした社会の現状を炙り出しつつ、悲劇とも喜劇ともつかない作品に昇華させていて、僕は好きですね。

メリトクラシー社会が崩壊した先の女性たち

河野　最初に西口さんが出してくださった「能力と傷」の話に戻ると、能力というのはメリトクラシー社会の基本的な原理ですよね。そのなかでフェミニズムは、女性には純粋なメリトクラシーが与えられていないという意味での、まさに傷を問題にしていたわけですよね。その裏側で、メリトクラシー社会が崩壊するなかで男性は、自分たちの能力を阻害する「傷」としてポピュラー・フェミニズムが出てきているという、理屈としてはともかく感情としては実効性のある幻想を抱いているのが現代です。

　メリトクラシー社会が崩壊する過程で、ネオリベ的な競争社会による共通の結果としてポピュラー・フェミニズムとポピュラー・ミソジニーの両方が出てきている。

西口　壊れてしまったとされる近代のメリトクラシー社会自体が、そもそも現在のジェンダーの視点からは歪んだ社会だったので、その回復を求めることはいま起きている問題の解決策にはなりませんよね。

河野　そうですね。ネオリベがだめだから福祉国家に回帰というのは、福祉国家がジェンダー的に差別的だったということに加えて、福祉国家とネオリベラリズムの重要な連続性を見落とした議論です。いずれもメリトクラティックな資本主義社会だという連続性ですね。その両方からのラディカルな離脱を求める感情が『ジョーカー』の暴力になるわけです。しかし、その暴力の限界と、ポピュラー・ミソジニー的なものとの親和性は最初に述べた通りです。

西口　ネット上ではいまも、声をあげる女性への嫌がらせやバッシングが絶え間なく起きています。これこそが日本のミソジニーの深刻すぎる問題です。

河野　一種のバックラッシュが起きているのでしょう。フェミニズムの歴史は盛り上がりとバックラッシュの繰り返しでした。バネット＝ワイザーの重要なところは、そこを捉えているところです。この論文はたぶん、このあと激しくなるバックラッシュの波をどう乗り切るか、押し返すかを考えるときに重要になってくると思います。

（対話9）

ファッションを通じて何を描く？

オートクチュール
Haute couture

監 シルビー・オハヨン／100分／仏／2021年

STORY ディオールのアトリエ責任者のエステルは、ある朝、地下鉄で郊外の団地に住むジャドにハンドバッグをひったくられてしまう。しかし、滑らかに動く彼女の指にドレスを縫い上げる才能を直感したエステルは、ジャドを警察に突き出すのではなく、見習いとしてアトリエに迎え入れる。時に反発しながらも、濃密な時間を過ごす二人だったが、最後のショーが一週間後に迫るなか、エステルが倒れてしまう……。

プラダを着た悪魔
The Devil Wears Prada

監 デビッド・フランケル／110分／米／2006年

STORY ジャーナリストを目指してニューヨークにやって来たアンディは、一流ファッション誌「ランウェイ」編集部の面接を受ける。ファッションには疎いアンディだったが、編集長ミランダのアシスタントとして採用される。しかしそれは、朝から晩まで理不尽な命令を受ける地獄のような日々の始まりだった。そのなかで、服装も変え、徐々にミランダの信頼を得ていくアンディだったが、自身の私生活はボロボロになっていき……。

クルエラ
Cruella

監 クレイグ・ギレスピー／134分／米／2021年

STORY パンクムーブメントが吹き荒れる一九七〇年代のロンドン。親を亡くした少女エステラは、反骨精神と独創的な才能を活かし、ファッション・デザイナーになることを決意し、ロンドンで最も有名な百貨店に潜り込む。そこで伝説的なカリスマ・デザイナーのバロネスと出会い、やがてファッショナブルで破壊的かつ復讐心に満ちた〝クルエラ〟の姿へ変貌する。なぜ少女は悪名高き〝ヴィラン〟に変貌したのか――？

ファントム・スレッド
Phantom Thread

監 ポール・トーマス・アンダーソン／130分／米／2017年

STORY 一九五〇年代、ロンドンの社交界で注目を浴びる天才的な仕立て屋レイノルズは、ある日、ウェイトレスのアルマと出会い、彼女を新たなミューズに迎え入れる。彼はアルマの〝完璧な身体〟を愛し、彼女をモデルに昼夜問わず取り憑かれたようにドレスを作り続けた。しかし、無神経な態度を繰り返すレイノルズに不満を募らせたアルマは、ある日、彼の朝食に微量の毒を混ぜ込む――。

メイド・イン・バングラデシュ
Made in Bangladesh

監 ルバイヤット・ホセイン／95分／仏・バングラデシュ・デンマーク・ポルトガル／2019年

STORY 大手アパレルブランドの工場が集まるダッカの衣料品工場で働く二三歳のシムは、威張り散らす男性上司や、泊りがけも余儀なくされる労働環境、給料の遅配に苦しんでいた。ある日、労働者権利団体のナシマ・アパに声をかけられ、同僚たちを説得し、労働組合の結成を目指して立ち上がる。しかし、工場幹部からの脅し、夫や同僚の反対など、さまざまな困難が待っていた……。

二〇二二年一一月五日収録

映画に衣装は欠かせない

西口 ここから三回は、順番に衣・食・住を取り上げたいと思います。

河野 「衣」は、「食」や「住」にくらべて、どのポイントをどう切り取るか、難しいですね。

西口 衣装が出てこない映画は基本的にないですしね。まず、「衣」は、映画のなかで特権的な位置を占めていると言えます。映画において衣装が負っているところは大きくて、その物語の時代や場所、登場人物の階層やジェンダーにいたるまでを観客に瞬時に理解させる表象です。つまり衣装の記号的な機能ですね。

「食」や「住」とくらべても「衣」は独特です。たとえば、映画に登場する料理は、どれほどおいしそうに見えたとしても、実際にその料理がおいしいかどうか、俳優の演技を通してしか観客にはわかりません。それに対して「衣」の場合は、その衣装が素晴らしいか、その人物をよく表現しているか、などが観客に直接的にわかってしまうという特性があります。観客の直感に働きかける要素なので、語るのが難しいし、映画を作るうえでも簡単ではないと思うんですよね。とりわけ「衣」をテーマにした映画で、衣装自体が魅力的でないと台無しです。

というような前提を共有したうえで、今回は、「衣」の作り手側にあたるファッション業界を描いた映画に注目したいと思いますが、いかがでしょうか?

河野 いいですね。『**ココ・シャネル 時代と闘った女**』（二〇一九年）のようなファッション業界のカリスマの伝記映画や、『**オートクチュール**』（二〇二一年）のように縫製業で働く女性労働者、いわゆる「お針子さん」をテーマにした映画など、さまざまなものがありますね。

西口 ある意味、ブームになっていると思います。いま挙げられた、ハイブランドの創業者やそこで働く労働者などを描く映画はたくさん作られていますが、もう一方で注目したいのは、『**メイド・イン・バングラデシュ**』(二〇一九年)など、「ファスト・ファッション」の生産現場を描いた作品群です。グローバル・チェーンのもと、安い労働力の国で大量生産させて買い叩く構造を描いた映画ですね。

その両者の間に、時流から取り残された街の仕立て屋の物語なども出てきていて、「衣」の世界は映画の題材として面白い分野だと思います。

「お針子」映画とブランド創業者の映画

河野 まず注目すべきは、「お針子さん」たちを主人公とする労働者映画のほうでしょうね。女性の主人公が多くて、基本的に彼女たちの成長と主体形成を描く「ビルドゥングスロマン」のかたちをとるのが特徴です。その点では、創業者の半生を描く伝記映画と表裏一体の映画なのかもしれません。

西口 「お針子」映画では『オートクチュール』が興味深い作品でした。タイトルにある「オートクチュール」とは、パリのクチュール組合に加盟する最高級の仕立て屋のことで、この映画は有名ファッションブランド、クリスチャン・ディオールの工房を舞台にしています。ドキュメンタリー映画『**ディオールと私**』（二〇一四年）の舞台となったあのアトリエを中心に物語が展開する劇映画です。

河野 面白い映画でした。主人公のジャド（リナ・クードリ）は、アルジェリア系移民の若い女性で、パリ郊外の移民が集まる団地に住んでいます。彼女は、偶然に出会った工房の責任者エステル（ナタリー・バイ）に才能を見出されて仕立て屋の世界に入っていく。エステルに誘われるまでの展開はやや強引な印象でしたが（笑）、職業版のシンデレラ・ストーリーと言えるかと思います。

西口 ジャドは重いうつ病の母親と暮らすヤングケアラーで、学校にも行かず貧困からスリを繰り返していて、ある日、エステルの持ち物を盗む。エステルから手先が器用だから才能があると言われてディオールのアトリエに誘われる展開は、たしかにややご都合主義的ですよね。

連想したのは、ディズニーアニメ「一〇一匹わんちゃん」の女性ヴィランの前日譚を描いた映画『**クルエラ**』（二〇二一年）の主人公も、泥棒稼業からファッションの世界に入っていったことです。クルエラ（エマ・ストーン）の場合は窃盗する際の変装のために衣装作りが重要で、泥棒であることとファッション・デザイナーであることがうまく噛み合った設定でした。

河野　あと気になるのは、ジャドはハイ・ファッション自体には最後まで興味がないのではないかという印象が拭えないことでした。フランスの普通の若者的な格好をずっとし続けていて、ドレスで美しく着飾る姿で主体性の変化を表現した『**プラダを着た悪魔**』（二〇〇六年）のように、登場人物のファッションが映画の展開と有機的に結びついた描写が見られない。あと、冒頭の音楽が映像とマッチしていないので不安になりますし、ジャドとエステルの関係が、離れたりくっついたりみたいなのの繰り返しで、単調な感じがする。そして主人公の成長物語にしてはその内面の変化が積極的ではない……。

西口　そこは、フランス映画的なリアリズムなのかなと僕は思いました。その人の職業や振る舞いは、かなりの程度が出身階層と文化資本によって制約されるという社会観。『オートクチュール』で、主人公が最後まで「変身」せず、ファッション業界で上り詰める雰囲気もないことに違和感を抱くのは、私たちがハリウッド的な物語の型にはまりすぎているためかもしれません。

河野　そうですね。面白いと言いつつ冒頭から脚本と演出と音楽をディスってしまいましたが、そういう箇所はともかくとして、現代フランスという舞台で、盗賊稼業をやっている移民の主人公を描いており、人種や移民、経済格差の問題を背景にしながら成長物語を作っていく点は、近年の潮流とは一線を画していると思います。

このような主人公の成長や主体形成を描く物語「ビルドゥングスロマン」には長い系譜がありますが、ファッション業界関連で名作は『プラダを着た悪魔』です。こちらはアン・ハサウェイを主演とした白人女性の成長物語ですが、それに対して、『オートクチュール』は階級・移民問題が入っており、現代的な変奏としてはすごく面白いですね。

ポストフェミニズム映画の重要作品——『プラダを着た悪魔』

西口 比較対象として『プラダを着た悪魔』と『クルエラ』が出てきましたが、「衣」の映画を考えるうえで重要作です。

河野 『プラダを着た悪魔』は、『**ブリジット・ジョーンズの日記**』（二〇〇一年）などに代表される「ポストフェミニズム映画」の重要作品の一つですね。これらの映画は、フェミニズム運動の進展により、学歴や職業においてあるていど解放された女性たちを主人公とすることが特徴です。ファッションやメディアなどのクリエイティブ産業で働く若い女性たちの仕事や恋愛を描くストーリーが典型的です。ポピュラー文学の世界でそれに相当するのは「チック・リット」と呼ばれるジャンルで、一九九〇年代〜二〇〇〇年代に流行りました。

西口 『プラダを着た悪魔』の主人公アンドレアは、名門大学を出てジャーナリストを目指して上京した女性で、いわばインテリの中間層として登場します。彼女は、ファッションに興味がないのに有名ファッション誌の編集部に配属され、田舎っぽい、服がダサいとダメ出しをされまくる。さらに鬼編集長のミランダ（メリル・ストリープ）のアシスタントになり、ハラスメントと激務の嵐のなかで、次第にファッションの魅力に目覚めて、完全な「変身」を遂げます。

河野　この変身の場面がポストフェミニズム映画の典型として非常に面白いのですね。ずっと冴えない姿だった彼女がすごいおしゃれをしたことで周囲の見る目が一変する。それが職場で有能に働けるようになることと一致するのです。女性性と職業的な能力が矛盾せず両立するというのは、ポストフェミニズムの基本型です。

『プラダを着た悪魔』デビッド・フランケル／2006年
おしゃれに大変身を遂げて登場するアンドレア（上）と、
それを見て驚愕する同僚たち（下）

この描写は、押しつけられる女性性を拒否してきたフェミニズムに言わせれば反動的かもしれません。結果として、主人公と彼氏の破局という展開が入ることで、職業と恋愛（私生活）の二者択一を迫ることになる点も評価が難しいところです。これは上司のミランダも同じで、完璧に見える職業女性でも、いかに私生活をなげうって仕事に捧げてきたかが悲しく表現されており、ラストの主人公の決断にも大きな影響を与えます。バリバリと働きつつ女性性も高めようという新自由主義的な圧力のもとでの女性たちの限界を示していると位置づけられるかと思います。

西口　女性が仕事で成功すると恋愛や家庭がうまくいかないというジレンマは、同じアン・ハサウェイとロバート・デ・ニーロが共演した映画『**マイ・インターン**』（二〇一五年）にも引き継がれています。この作品でアン・ハサウェイ演じるジュールズはファッション通販サイトの創業者で、『プラダを着た悪魔』のミランダとは対比的に、仕事の成功と私生活の幸せを両立させたかのような人物設定ですが、実はそうじゃなかったという展開ですね。女性キャラクターばかりに付きまとうこの葛藤は、もはや「呪い」と言ってもよい。

少し前になりますが、ケイト・ブランシェットが来日時、日本テレビの取材で「女優と母親業との両立は大変ですか?」と尋ねられ、「もし私がショーン・ペンやダニエル・デイ=ルイスならそんな質問はしないですよね? 父親の場合、「両立は大変ですか?」とは聞かれないと思います。女優はいつもその質問をされます」とコメントしていたのを思い出します。なぜ女性だけが、仕事と私生活の両立を繰り返し問われ続けなければいけないのかという問題はあります。

河野 バリバリ働いている女性の裏にも何か不完全性があることを映画内で提示して、男性の観客が安心するという構図があるように感じますね。

私が田中東子さんと訳した『フェミニズムとレジリエンスの政治──ジェンダー、メディア、そして福祉の終焉』(青土社、二〇二二年)という本で、フェミニズム理論家のアンジェラ・マクロビーは、パーフェクト(完璧であること)/インパーフェクト(欠点もあること)/レジリエンスという三つの概念でこの状況を説明しています。新自由主義のもと、女性は仕事も家庭も完璧(パーフェクト)にならなければいけないという圧力にさらされています。本書で紹介されている面白い例がありまして、赤ちゃんを乗せてランニングをすることができるベビーカーがイギリスで流行っているらしいんです。つまり、出産をしたとしてもすぐにランニングを始めて、女性性を取り戻すために体を引き締めようということですね。

西口 母子ともに負荷がすごそうです……。赤ちゃんを乗せて走ってもあまり揺れないベビーカーなのですか。

河野 すごく大きな車輪が付いていて、安全にランニングできるんですよ。イギリスに行った時に実際に見かけて驚きました。明らかにミドルクラスの女性に対して「完璧さ」を求める商品なのですが、こういう環境に置かれると、そこについていけない女性は当然苦しくなるんですよね。それに応じて、逆に「完璧じゃなくてもいいんだよ」という「インパーフェクト」を許容する癒しのメッセージみたいなものが力を持つのです。しかし、それは、ネオリベラリズム的な命令のアンチでは実はなくて、ネオリベラリズム社会の基盤を掘り崩されないために、ガス抜きのために出てきているという構造にあります。『プラダを着た悪魔』や『マイ・インターン』

は、ミドルクラスの女性たちのこのような現実を反映しているように感じますね。

西口　なかでも『プラダを着た悪魔』は、主人公の「変身」に階級上昇の夢が託されていないように見える。そこが特徴なのではないでしょうか。たとえば『**マイ・フェア・レディ**』（一九六四年）や『**プリティ・ウーマン**』（一九九〇年）など、貧しい下層の女性が、金と文化資本を持った男に拾われて美しく「変身」する物語の系譜では、みすぼらしい服から美しい服に着替えるシーンが大きな見せ場になります。このような「衣」を通して表現される階級上昇の夢のようなものが『プラダを着た悪魔』では描かれていなくて、職場がファッション誌の編集部だから、必要に応じて変身しているだけだとも言えます。

それと対照して観ると、『**ココ・アヴァン・シャネル**』（二〇〇九年）も味わい深い作品です。ココ・シャネルがデザイナーとして活躍する物語かと思いきや、彼女の才能が花開くのは最後のちょっとだけで、映画の大半の時間は資産家の男性の愛人として「飼われている」ような状態の葛藤を描いています。何者にもなれない生活のなかで、いかにココ・シャネルが女性のファッションに対する問題意識を育んでいったのか、その過程が面白かったです。

一九〇〇年代初頭の当時、女性のファッションはコルセット付きのドレスが主流で、身動きがとりづらく、食事にも苦労する代物でした。ココ・シャネル（オドレイ・トトゥ）は、コルセットに象徴される、女性をケーキのように飾り立て縛り付けるファッションからの解放を目指すわけですが、そのためには、孤児院出身の貧しい境遇から抜け出す足がかりが必要でした。ココ自身が動きやすく機能的な男性服を好きにスタイリングして着て、またそうした新しい女性服をつくることで、自分だけでなく多くの女性たちを自立させていく姿がかっこいい。

『プラダを着た悪魔』を上書きする『クルエラ』

西口　「衣」と女性性をめぐる物語である『プラダを着た悪魔』や『ココ・アヴァン・シャネル』に対して、『クルエラ』は、また異なるアプローチを示しているように感じます。こちらは『オートクチュール』と同時期に制作されていますね。

河野　どちらかというと、#MeToo運動などを経験した「第四波フェミニズム」の空気を感じます。

『オートクチュール』と同じく、やはり階級要素が物語に入ってくるのが一番大きいですよね。主人公のクルエラは、親を亡くした後に盗賊の二人とつるむようになり、下層階級に入っていくところから始まります。この辺りは、ピカレスク（悪漢）小説の文学的伝統を利用しているように感じられます。しかし、物語の最後に自分の出自が明らかになる。本来の身分が隠されていて下層階級に身をやつしている主人公が、最終的には本来の階級を回復するという、チャールズ・ディケンズの小説『大いなる遺産』（一八六一年）に代表されるようなビルドゥングスロマンのお決まりのストーリーでもあります。

西口　ディズニーが、イギリス的な物語の型を分かりやすく使っているところが印象的でした。皆さんの好きなイギリスのお話ですよという感じです。

河野　逆に言うと『プラダを着た悪魔』などのポストフェミニズム映画のほうが特殊だっ

たと考えるべきなのでしょうね。ポストフェミニズム映画は、その多くが、大卒の学歴を持っているミドルクラス以上の女性に限定された物語です。その一九九〇年代からの流れが、二〇二〇年代に入ってから一九世紀的な物語に戻っていく。この回帰が面白いところかなと思います。その背景には、二〇一〇年代に格差社会の深刻さが世界的に意識されたことがあると思います。その影響を『オートクチュール』や『クルエラ』にはすごく感じますよね。

西口 絶対的なカリスマ性をもつファッションデザイナーのバロネス（エマ・トンプソン）のもとで、のちにクルエラとなる主人公のエステラがアシスタントとして働く展開は、どうして

『プラダを着た悪魔』デビッド・フランケル／2006年
ミランダに指示された通りにステーキを用意するアンドレア

『クルエラ』クレイグ・ギレスピー／2021年
バロネスに指示された通りにサンドイッチを用意するエステラ

も『プラダを着た悪魔』のミランダとアンドレアの関係を思い浮かべます。エステラがバロネスの食事などの身の回りの世話までさせられる場面とか。『プラダを着た悪魔』の女性同士の関係を踏襲しながら上書きしているように感じました。

河野さんがおっしゃるように、『プラダを着た悪魔』は二〇〇〇年代のポストフェミニズム映画の代表的な作品ですが、『クルエラ』はその要素と、イギリス的な「遺産プロット」の物語がまぜこぜになっている点が面白いです。

女性ヴィランの暴力をどう描くか?

河野 たしかに『クルエラ』は遺産プロットですが、ただし、本来の遺産プロットはあの展開には絶対ならないんですよね。イギリスの伝統的な遺産プロットは、下層階級に身をやつした主人公が、親が属していた本来の上流階級の立場を回復するという物語の型ですが、クルエラのように、逮捕という象徴的なかたちであれ、積極的に親を殺して復讐することは稀です。その点で、単純な一九世紀への回帰ではなく、一歩踏み込んでいるとも言えます。

そこで連想するのは、『**ハーレイ・クインの華麗なる覚醒 BIRDS OF PREY**』（二〇二〇年）ですね。戦闘力が高く、あらゆるものに囚われない自由な女性像。

西口 そうなんです。やはりクルエラは『ハーレイ・クイン』との連続性を感じるし、親殺しという点で、『**ジョーカー**』（二〇一九年）とも隣接しています。

河野 『ジョーカー』のような男性ヴィランの前日譚はあんな暴力的でドロドロな映画になるのに対して、女性ヴィランの前日譚はすっきりした話にできるんだ、というのは感じましたね。

西口 僕は『ハーレイ・クイン』をすごく楽しみに観に行って、もちろん楽しい作品だったのですが、ある意味で残念だなと思ったんです。それは、「極悪」な新しいヒロイン像を打ち立てるはずが、クレイジーながらかわいいキャラクターにした分、悪役としての要である暴力描写がどうしても控えめになってしまったからです。男性ヴィランが暴力描写のインパクトで主張するのに比べると、ハーレイ・クインはポップな装飾によって生々しい暴力を周到に回避していると感じました。
その点、『クルエラ』は、ヴィランとしての暴力描写を、ファッション対決に移し替え、デザイナーの女王であるバロネスを時代遅れの存在に追いやる、社会的に殺すという方法でヴィラン性を表現しています。きつい暴力描写はディズニー原作のキャラクターではそもそも不可能でしょうが、ヴィランにとっての衣装の重要さに着目し、そのビジュアル同士が決死の戦いをすることで肉体的暴力の不在を補っているのが非常にうまいなと思いました。その点では『ハーレイ・クイン』よりも成功しているのではないでしょうか。

河野　それはすごく気になるポイントですね。女性の暴力や女性の身体が傷つけられることをどのように表現するか、という点は、近年の映画作品が模索している重要テー

『機動戦士ガンダム 水星の魔女』第4話 みえない地雷
小林寛／2022〜2023年
本気の殴り合いをする女性キャラクターが描かれる。

マだと感じます。

日本アニメの例になりますが、傷つく女性身体を性的に消費するような表現を日本アニメが乗り越えようとする動きがあるように最近思うんですよね。たとえば、機動戦士ガンダムシリーズの『**水星の魔女**』（二〇二二年）では、女の子同士がけっこうガチで殴り合う場面があって、その身体の描き方はこれまでのものと全く違うなと感じます。

西口 プリキュアシリーズも、「女の子らしさ」とバトルの暴力描写で注目されましたよね。

河野 これは三浦玲一さんの議論［1］ですが、まさにプリキュアは、きらびやかで可愛い衣装に変身して特殊能力を発揮するという点で、ポストフェミニズム的だと指摘されます。女性性が高まることと能力が高まることを一致させていくのは、『プラ

―1 三浦玲一『村上春樹とポストモダン・ジャパン――グローバル化の文化と文学』彩流社、二〇一四年

ダ』にも見たポストフェミニズム映画の特徴ですね。

仲良く過ごすために毒を盛る?――『ファントム・スレッド』

河野 ここまで論じてきた女性の働き方をめぐる議論の図式に収まらない奇妙な作品が『ファントム・スレッド』ですよね。カリスマ・ファッションデザイナーのレイノルズ（ダニエル・デイ゠ルイス）と、彼にモデルとして見出されたアルマ（ビッキー・クリープス）の関係を描いた作品です。

西口 ダニエル・デイ゠ルイス演じる天才服飾デザイナー、レイノルズは、ショーが近づいて仕事に没頭すると周りが見えなくなり、彼のミューズで恋人のアルマにもきつく当たり、二人の関係は悪化します。しかし、ショーを終えると、彼は完全に消耗しきって数日は何もできないほど寝込む。そのとき、二人の関係はとても平和的で良好なものになります。それを繰り返すなかで、レイノルズが元気のない状態を維持しようと、アルマが彼の食事に毒キノコを盛り、二人の関係をコントロールするようになるんですよね。

わが家では、相手が弱って寝込んでいるときにやたらと優しくなる現象を「ファントム・スレッド」「ファンスレ」と呼んでいます（笑）。


河野 毒キノコを盛るようにならないといいのですが（笑）。

この作品は、**『マイ・フェア・レディ』**（一九六四年）や**『プリティ・ウーマン』**（一九九〇年）のように、リッチな男性が下層の女性を拾うという、すごく反動的な物語を装って始まります。レイノルズの人格は、いわゆる「発達障害」のＡＤＨＤの特徴だと俗に考えられるものをそのまま表現したようなキャラクターで、人の気持ちを理解できず、仕事に没頭しルーチンを破られると激怒する。それゆえに天才である。もしかして**『セッション』**（二〇一四年）のようなハラスメント映画なのかと不安になります。

しかし、物語の中盤から彼女の復讐が始まるのが非常に面白い。しかもそのやり方が、毒キノコを盛って関係性をコントロールし、こっそりとレイノルズの手綱をアルマがつかむのですね。それによって二人の関係は逆転し、単なるモラハラ映画ではなくなっている。非常に奇妙で面白いですよね。

西口 ここまで見てきた作品には、程度や中身の差はあれ、「衣」が資本、権力、ジェンダーの格差を再生産する装置として機能し、相対的に持たざる存在である女性を労働力として搾取する構造が共通して見られました。この映画もそういう非対称性から物語を始めるのですが、アルマというヒロインの強さもあって、訳のわからない着地点に話が進んでいくのが好きなところです。アルマのために作られたドレスは本当に美しく、「衣」映画の楽しみも外さない。映画全体は、レイノルズとの関係をアルマが誰かに語っていくという構造になっていて、その語っている相手が映画の最後に明らかになる展開はどこか小説的です。

河野 これほどの病的な関係はほかのファッション映画には見られないので比較しにくいですが、あえて指摘するとすれば、完璧主義の親方的な立場の人物の描き方が、男性と女性で違っている点は重要だと思いました。

たとえば『オートクチュール』のエステルは、お菓子を手放せない糖質依存症で、『プラダ』のミランダは病的な完璧主義。しかし、それが男性に移ったときに発達障害やコミュニケーション能力の欠如という描写に変わるのですよね。エステルもミランダも、会話が不可能なほどコミュ力が失われるわけではないです。これは、**『シェフ 三ツ星フードトラック始めました』**（二〇一四年）に登場した料理人の親方の場合は、カール・キャスパーもそうでした（対話10参照）。エステルやミランダのように、女性のカールやレイノルズほど明確にADHD的な特徴は表現されていないですよね。仕事に妥協しない天才的な男性を表象するときに、発達障害的なものが前面に出るのは、男性性の問題が深く関わっているように感じます。

西口　社会で暮らすうちに後天的に形成されたものというより、その人の変えようのない固有の特徴として描かれやすいですよね。

『テーラー 人生の仕立て屋』（二〇二〇年）というギリシャ映画でも、老舗仕立て屋の二代目・ニコス（ディミトリ・イメロス）は、ADHD的な人物として描かれていました。経済危機後のアテネを舞台にしたこの映画は、ファスト・ファッションの流入と職場のカジュアル化を背景に、紳士服のみの仕立て屋を営む主人公が、男性のスーツのオーダーメイドだけでは食べられなくなり、手作りの屋台で街頭に出て、需要に応えてウェディング・ドレスを作るようになる物語です。コミュニケーション下手だが腕は確かな二代目が、落ち着きなく足を揺らしたり、目の前の人の服から出た糸くずが気になって引っ張っちゃったりする描写があります。

そう考えると、『ファントム・スレッド』は、天才男性のコミュニケーション不調を定番のＡＤＨＤ的描写で押さえつつ、毒を盛って体調不良を作り出すことでコミュニケーションの問題を解決し和解するという滅茶苦茶な話ですね。

ファスト・ファッションの時代に映画は何を描くか？

西口 ところで、ここまでハイ・ファッションの現場を描いた作品が中心でしたが、冒頭で話したように、一方でファスト・ファッションの問題を描いた映画もさまざま出てきています。たとえばドキュメンタリー映画の『**ザ・トゥルー・コスト ファストファッション 真の代償**』（二〇一五年）や、バングラデシュの縫製工場で過酷な労働に立ち向かう女性たちを描いた劇映画『メイド・イン・バングラデシュ』ですね。

河野　ファスト・ファッション問題は、いま流行りのSDGsとの関連で学生の関心も高いテーマだと感じます。これを描く映画は、グローバルなサプライ・チェーンを規制して、いかにしてラナ・プラザ崩落事故［2］のような悲劇を繰り返さないかという現実的な課題に直結するため、映画批評の視点だけで語ることが難しいですね。

西口　そうですね。そのうえで指摘したいのは、ファスト・ファッション問題の描き方には、欧米を中心とする映画産業の限界があらわれているという点です。

たとえば、**『グリード ファストファッション帝国の真実』**（二〇一九年）という劇映画は、「トップショップ」（イギリス発祥のファスト・ファッションのブランド）のオーナーがモデルだと言われていて、主人公はファスト・ファッションの世界で成功し巨万の富

2　バングラデシュの首都ダッカの北に位置するシャバールで、商業ビル「ラナ・プラザ」が崩落した事故。ずさんな安全管理のもと、グローバル展開するファッションブランドの下請け工場で働く人々が数多く犠牲になった。死者一一二七人、行方不明者約五〇〇人以上が出たこの事故は、ファッション史上最悪の事故と呼ばれる。

を築き上げたリチャード・マクリディ卿（スティーブ・クーガン）です。彼がのし上がったエピソードのなかで、バングラデシュらしき国の縫製工場に行って、強権的な交渉によって製品を安く買い叩く様子が描かれます。リチャードは服づくりを金儲けの手段としか考えておらず、南北格差、経済的植民地を利用し尽くす悪役ぶりが強調される。ファスト・ファッションの帝王の虚飾に満ちた人物性と、ファスト・ファッション産業で生まれた服の「本物でなさ」が重ね合わせられているのです。

ただ、それはどこまでも「買い叩く」「消費する」側の視点で、『メイド・イン・バングラデシュ』のように、その生産を担って辛酸をなめている労働者を主人公にした映画は稀有です。そこでの暮らしや社会構造の現実は、いまメジャー映画制作の中心地である「先進国」でファスト・ファッションを消費する側の人たちからは想像しにくい。もちろん日本国内にも技能実習生が働くようなスウェットショップ［3］があるので、一概に地理的な距離だけが問題なわけではないのですが、映画を観るとき

『グリード　ファストファッション帝国の真実』
マイケル・ウィンターボトム／2021年
1980年のスリランカで衣料品を安く発注するシーン

に忘れないでおきたいのは、その映画が作られた場所や資本です。グローバルで複雑な問題なのに、映画を作れる特権をもつ片方の視点のみで物語が語られている可能性が高いからです。ファスト・ファッションを扱った映画は必然的に「社会派」になりやすいですが、映画という商品のもつ構図がわかりやすくあらわれています。

3 スウェットショップ（sweatshop：搾取工場）は、労働者を低賃金かつ劣悪な労働条件で働かせる職場環境を指す。前述のラナ・プラザの工場もその典型。

「透明人間」の夢

西口想

ミセス・ハリス、パリへ行く

Mrs. Harris Goes to Paris

監 アンソニー・ファビアン／116分／英／2023年

STORY　一九五〇年代、第二次世界大戦後のロンドン。夫を戦争で亡くした家政婦ミセス・ハリスは、勤め先でディオールのドレスに出会う。その美しさに魅せられた彼女は、フランスへドレスを買いに行くことを決意。どうにか資金を集めてパリのディオール本店を訪れたものの、威圧的な支配人コルベールに追い出されそうになってしまう。しかし夢を決して諦めないハリスの姿は会計士アンドレやモデルのナターシャ、シャサーニュ公爵ら、出会った人々の心を動かしていく。

本章を読まれた読者には、『ファントム・スレッド』の天才デザイナー・レイノルズ（ダニエル・デイ＝ルイス）の姉で、冷徹な支配人シリル役を演じたレスリー・マンヴィルがまったく違う役柄を演じた「衣」映画として、**『ミセス・ハリス、パリへ行く』**を薦めたい。

『ファントム・スレッド』と同じ一九五〇年代のロンドン。六〇歳を前にしたエイダ・ハリス（レスリー・マンヴィル）は、通いの家政婦・掃除婦の仕事を掛け持ちしながら、夫エディの戦地からの帰りを待ち続けていた。だが彼女のもとに戻ってきたのはワルシャワ近郊の墜落現場で見つかった夫の指輪だけ。「自由になった」ミセス・ハリスは、勤め先の家の裕福な婦人が買ったクリスチャン・ディオールのドレスに一目ぼれし、ディオールのドレスを手に入れることが彼女の新しい夢になる。

同時代・同地域を舞台にした『ファントム・スレッド』と『ミセス・ハリス』はともに、物語のなかで「衣」が資本、権力、ジェンダーの格差を表象し再生産する装置として描かれてきたことに批評的な作品といえるが、そのアプローチは対照的だ。華やかなファッション業界における天才デザイナーとミューズの搾取関係を崩しにいく奇作『ファントム・スレッド』に対し、一見ファンシーな作りの『ミセス・ハリス』は、労働者階級の趣味や憧れ、あえて言えば「推し」の対象としての「衣」を描いている。

ミセス・ハリスをディオールのメゾンまで案内したパリの路上生活者が、「フランスでは労働者が王様さ」と言うとおり、本作のレトロな世界像は、一九五〇〜六〇年代の「労働者の時代」を懐かしく回顧する視線によるところが大きいだろう。

清掃労働者のストライキによって道に堆積したゴミを横目に、ミセス・ハリスはメゾンに足を踏み入れる。ロンドンからやって来た労働者階級の彼女は、伝統と格式を重んじる支配人コルベール（イザベル・ユペール）から邪険に扱われるだけでなく、新興ブルジョワらしきアバロン夫人からもドレス購入を妨害される。アバロン家が物語の後半でストライキ、ドレス、ディオールの変革のすべてに関わってくる展開からは、彼女たちが本作のヴィラン的な位置づけであり、この物語がシンデレラストーリーの変奏であることが分かる。

ディオールは当時、主に貴族やブルジョアだけを顧客に信用取引をしていたが、その商売が時代に合わなくなり、手持ちのキャッシュが底をつき経営難に陥っていた。ただ一人現金を握りしめてやってきたミセス・ハリスは、場違いだが、経営にとっては救世主でもある。そして労働者階級の「おばさん」がディオールのドレスを買えるのだと示すことで、メゾンで働くモデルやお針子などの労働者たちからも熱く支持される。ミセス・ハリスの姿をヒントに、会計係のアンドレは経営を立て直すため、「普通の女性が手に入れられる贅沢」として誰もが買える香水やストッキングを売り出すことを提案する。高級メゾンが、それまで対象にしていなかった労働者階級を自身のマーケットに組み入れたのである。

本作のもう一つの軸は、ケアと「衣」とのつながりを描くことだ。支配人のコルベールは、ミセス・ハリスに、ディオールのドレスをどこで着るのかと問いかける。「舞踏会？　床を磨くとき？　それとも吊るしておく？」「ドレスは驚きと喜びのためにデザインされてるのに……あなたは透明人間だわ」。ミセス・ハリスが「透明人間」だと指摘されるのはこれが初めてではない。ロンドンで家政婦をしているときも、そこにいるのにいないかのように扱われてきた。

映画の後半でコルベールの私生活が明らかになるとき、俗世から超越しているかのような彼女もまた家族の看護を抱える普通の労働者であったと分かる。そして支配人の仕事でも彼女は「透明人間に徹してきた」という。ミセス・ハリスがコルベールに「私たちは似てるわ。ゴミを片づけ庭を美しくする。誰も気づかないけど、私たちがいないと全てが台なしになる」と言葉をかける場面は、女性が担ってきたあらゆる仕事のケア的側面を見出し、透明人間＝ケアラーとしての誇りと連帯を宣言するかのようだ。

ラストシーンでドレスを着たミセス・ハリスは、たしかに美しく「変身」を遂げているが、それは「成功」や「地位」、「若さ」など「衣」にまつわる社会的記号を手にしたということではない。彼女は労働者階級で、ケア従事者で、透明人間であるまま、「推し」の美しいドレスを手に入れ、彼女自身の生きる喜びのために着ているだけだ。

（対話10）

おいしい映画
――ジェンダー・料理・労働

シェフ　三ツ星フードトラック始めました
Chef

監　ジョン・ファヴロー／115分／米／2014年

STORY　ロサンゼルスにある一流レストランの総料理長カール・キャスパーは、口うるさいオーナーや、自分の料理を酷評する評論家とケンカして店を辞めてしまう。失業中にマイアミに行った彼は、絶品のキューバンサンドイッチと出会う。その美味しさで人々に喜んでもらうために、移動販売を始めることに。譲り受けたボロボロのフードトラックを改装し、マイアミからロサンゼルスまでの旅がスタートした——。

エイブのキッチンストーリー
Abe

監　フェルナンド・グロスタイン・アンドラーデ／85分／米・ブラジル／2019年

STORY　ブルックリン生まれのエイブは、イスラエル系の母とパレスチナ系の父を持つ。文化や宗教の違いから対立する家族に悩まされるなか、料理を作ることが唯一の心の拠りどころだった。ある日、世界各地の味を掛け合わせて「フュージョン料理」を作るブラジル人シェフのチコと出会う。フュージョン料理を自身の複雑な背景と重ね合わせたエイブは、自分にしか作れない料理で家族を一つにしようと決意する——。

幸せのレシピ
No Reservations

監　スコット・ヒックス／104分／米／2007年

STORY　マンハッタンの高級レストランで料理長を務めるケイトは、ある日、姉を交通事故で失い、残された姪のゾーイを引き取ることに。一方、仕事場には、ケイトとは正反対の性格の陽気な副料理長ニックが新たに雇われる。完璧主義者のケイトは陽気な性格のニックに反感を募らせていくが……。

二ツ星の料理人
Burnt

監　ジョン・ウェルズ／101分／米／2015年

STORY　私生活でのトラブルの末に突然姿を消した伝説の一流料理人アダム。三年ぶりに表舞台に現れ悪びれもせずかつてのオーナーの息子トニーにシェフをやらせろと迫る。世界一のレストランを作って三ツ星をとると宣言し新しい店をオープンさせるアダムだったが、未解決のままの過去のトラブルの代償が大きくたちはだかる。

ジュリー&ジュリア
Julie & Julia

監　ノーラ・エフロン／123分／米／2009年

STORY　一九四九年、パリでフランス料理の虜となったアメリカ人女性ジュリアは、家庭で誰でも作れる五二四のレシピを本にまとめて出版する。本はベストセラーとなり、彼女はテレビの料理番組に出演するなど一躍人気者となった。それから五〇年後のニューヨーク。小説家になる夢に破れた二九歳のジュリーは、人生を変えるために無謀な計画を立てる。それは、三六五日かけてジュリアが書いた五二四のレシピに挑戦し、その過程を毎日ブログに綴ることだった。

二〇二二年一月二四日収録

さまざまな文脈が託される「料理」のシーン

西口　前回の「衣」に続き、今回は「食」が中心にある映画を取り上げます。

　僕自身、食には昔から興味をもってきました。漫画『美味しんぼ』を読んで育ち、小学生の頃に、新聞記者の母親が担当していた暮らし面で料理研究家の先生に料理を習う企画記事に出たこともあります。映画表現において食事や料理のシーンは、登場人物の関係性やコミュニティを描写するとともに、階級や文化、「民族」、性などの象徴やメタファーとして使われます。料理は、料理そのものを表象するだけでなく、それを食べる人、作る人の背景を端的に示しています。

河野　作品で人間の姿を描く以上は、衣食住が存在せざるをえなくて、それがキャラクター造形に使われるのは、ほとんどの映画に当てはまりますよね。特に、なにをどのように食べているかによって階級などを示しているのは多くの例が思い浮かびますね。

西口　「食べる」にテーマ設定すると話が際限なく広がってしまいますので、今回は料理を「作る」ほうに着目したいなと思っています。

2つの類型——「シェフ」の物語と「料理研究家」の物語

西口　新しい映画から見ていきましょうか。今回のテーマが決まったときにちょうど公開されていたのが『**エイブのキッチンストーリー**』（二〇一九年）でした。

河野　料理をつくることが民族対立の融和をもたらしつつ、物語の軸は一二歳の少年エイブ（ノア・シュナップ）の成長物語、という感じですね。

西口　料理の社会的意味を軸にした物語ですが、それを軸にまとまりすぎていて、正直なところ奥行のない作品だと僕は感じました。ユダヤ系、パレスチナ系それぞれの親族の描き方が平板で、ただ対立させるためだけに登場するキャラクターになっています。イスラエル・パレスチナ問題の絶望的な現状を考えればなおさら、一人の少年の成長に希望を仮託したくなる気持ちもわかるのですが、「フュージョン料理＝民族融和＝主人公エイブのアイデンティティの統合」というコンセプトに物語や人物が縛られている感じがしたんですよね。

ただ、この映画は『**シェフ 三ツ星フードトラック始めました**』（二〇一四年）などの他の料理映画と対比しながら考えると面白いかなと思いました。

料理映画を自分なりに分類すると、「シェフ（料理人）の物語」と「料理研究家の物語」の二種類に分けられます。シェフの物語は主に男性が主人公で、料理研究家は女性であることが多いなどジェンダーの偏りがあります。シェフの物語は、舞台が店のキッチンなどの「職場」なので、ストーリーに権力闘争的な要素が強くなります（原語のフランス語の「chef」が英語の「chief」（チーフ、長）にあたるように、もともと組織における階級を指す言葉です）。いかに自分が闘って、地位を築いていくか。一方、料理研究家の物語は、レシピを後世に伝えることがテーマになりやすく、そういう意味でこの二つの類型は対照的です。『エイブのキッチンストーリー』は、エイブ少年が夏休み中にシェフの職場を経験して成長していきますが、祖母からも料理を教わっていて、料理研究家の物語の要素もある。その点でもフュージョンになっています。

河野 なるほど、なかなか面白い区分ですね。

西口 近年の「シェフの物語」のヒット作が『シェフ 三ツ星フードトラック始めました』ですね。ある日、主人公のカール（ジョン・ファヴロー）が総料理長をつとめるレストランに大物評論家が来る。カールは自分がもともと得意だった創作料理を出そうとするけど、オーナーから定番フレンチコースを出すよう命じられ、やむなく従う。それを評論家から酷評されたことで腹を立て、始めたばかりのツイッターで罵りのリプライを飛ばして炎上。その評論家をもう一度呼んで挑戦的なメニューを出そうとしたらオーナーから解雇され、しかも評論家を罵倒するところが動画で拡散してしまいます。経営者であるオーナーと対立し、やりたいことができないという構図は、シェフの物語で繰り返される「型」です。カールはその後、元妻から提案され、息子と一緒にマイアミへ旅行します。マイアミは、キューバ移民の出自をもつ元妻の故郷で、カールが一〇代で料理の仕事を始めた原点というべき土地です。マイアミの音楽や料理などのミクスチャー文化に触れ、自分が作りたかった料理のあり方を取り戻し、キューバンサンドを売るフードトラックで息子とともに再出発する。そんなストーリーでした。『シェフ』は好きな映画です。まず単純に、料理が美味しそうなんですよ。

河野　かなりこってり系ですけどね（笑）。

料理の過程を見せる作品／出来上がった皿を見せる作品

西口　どっさりバターを使いますよね。料理を作る過程が美味しそうに撮られていることは料理映画にとって重要です。実際、そこに重点が置かれていない映画はわりと多いんですよ。料理を作っている手元があまり映されず、完成された皿だけがバーンって出る。対して『シェフ』は、作る過程が比較的丁寧に描かれていき、どんな香りがするか、どんな味がするかを観客が想像できる。料理は物語上の道具なので、料理自体の存在感を出し過ぎるとグルメ番組のようにキッチュになる恐れがありますが、かといって「美味しそう」だと感じさせるプロセスの描写を怠ると、本当に料理の象徴的イメージだけになってしまいます。

料理の描写と性描写の重なり

西口　あと、『シェフ』は後半ロードムービーになっていて、親子の絆や別れた夫婦の関係修復など、アメリカ映画の伝統的なモチーフを踏襲しています。そうした作品には性描写が付き物ですが、そこに非常に抑制的であるところも好きなポイントです。

例を挙げると、一つは、カールのレストランの同僚でソムリエのモリー（スカーレット・ヨハンソン）が、かつてカールの恋仲であったと分かる夜の会話の場面です。躊躇するモリーをカールが部屋に呼び、とても美味しそうなパスタを作ってあげる。それを頬張るモリーの描写はおそらく性的な比喩ですが、それ以上は描かないし、料理自体が際立っていて下品さがない。もう一つはフードトラックでニューオーリンズを経由する途上のシーンです。カールと息子のパーシー（エムジェイ・アンソニー）

が寝ていて、助手のマーティン（ジョン・レグイザモ）が夜間運転をしているとき、マーティンがパンツの中にコーンスターチを入れているのを目を覚ましたパーシーが見つける。こうすると股間が蒸れないんだ、とマーティンは説明するのですが、それが可笑しいんです。この場面では、マーヴィン・ゲイの名曲「Sexual Healing」のカバーがかかりますが、演奏しているのはニューオーリンズ出身の Hot 8 Brass Band です。タイトルの通り性的な癒やしについての歌詞で、パーシーは顔を赤らめるけれども、おっさん二人は楽しそうに歌う。

男たちのロードムービーで成長物語でもある『シェフ』で、性的な雰囲気が出てくるのはこれくらいなのです。地味ながら、これは映画表現における料理と性の関係では新しいのかもしれないと。たとえば、**『幸せのレシピ』**（二〇〇七年）では、料理を作り食べることを通じて男女が恋仲になる。**『二ツ星の料理人』**（二〇一五年）でも、主人公の男性性の爆発が、料理（食）とセックス（性）を直接的に、ある

『シェフ 三ツ星フードトラック始めました』
ジョン・ファブロー／2014年
ベッドの上でカールから料理を受け取るモリー

意味で安直に結びつけます。『シェフ』ではその代わりに、料理と音楽と親子関係で満たされた世界が描かれます。

河野 なるほど。料理は料理で美味しい。音楽は音楽で楽しい。それが何かの比喩や媒介である必要が実はない。これが実は重要だということですね。

料理とジェンダー——求められる男性像の変化

西口 少し話を戻すと、カールは「有害な男性性」全開の主人公ですよね。それがいちど破滅することによって、息子との関係が修復される。その媒介となるのが料理と旅であり、親子はアメリカの海岸線を北上して土地ごとにさまざまな文化が入り混じっているさまを辿ります。監督・主演のジョン・ファヴローのキャリアの挫折を反映した物語だと言われていますが、異なる文化の交わりが新しい料理や音楽を生みだすダイナミクスを伝える作品です。物語の背景には、親の失敗を補完するのが子であり、伝統的フレンチの硬直性を解きほどくのがキューバンサンドである、という補完の原理も見えます。

河野　カールは典型的なシェフ像ですよね。アーティストのように創造的な才能を持っているが、その一方でレストランのオーナーに雇われているという現実があり、その矛盾に苦しむ。映画に描かれるこのようなシェフは、みんなコミュニケーション能力が欠けているんです。才能はあるけど周囲と対立する。コミュニケーション能力を重視するポストフォーディズム的な労働世界において、このようなシェフは適性を持っていない労働者として描かれます。『シェフ』ではそのコミュ力のなさがネット上での失敗として表現されるんですよね。逆に後半では、息子がそれを補うことで成功につながってくる。うまく現代的なツールと物語のテーマが組み合わされていますよね。

そのような「労働」において、コミュ力のなさが男性性の欠損でもあるという、従来とは違った組み合わせが前景化します。『シェフ』では息子との関係のなかでその欠損が修復され、新たな男性的主体を作り上げる物語になっているのではないかと思うんです。

『二ツ星の料理人』でも、コミュ力の低い主人公のアダム（ブラッドリー・クーパー）が登場します。彼は決してまかない料理を同僚と一緒に食べようとしないのですが、一旦挫折して立ち直ったとき、一緒にまかないを食べるというかたちで新たな男性性が表現されます。

『幸せのレシピ』の場合は、そのジェンダーが完全にひっくり返されているのが非常に面白いところです。主人公のケイト（キャサリン・ゼタ=ジョーンズ）は天才肌のシェフ。彼女は、客が「生焼けだ」と文句を言ってきたらブチ切れて、生肉を持って行き「これが生だよ！」とやっちゃうぐらいコミュ力が低い、芸術家肌のシェフです。同居することになった姪のゾーイ（アビゲイル・ブレスリン）ともうまく関係を取り結べない。一方で、対立するニック（アーロン・エッカート）という男性シェフは、コミュ力の塊です。私はこれは**『クレイマー、クレイマー』**（一九七九年）で描かれていた男性性のひっくり返しだと思っているのですよね。『クレイマー、クレイマー』とは正反対に、女性のケイトのほうが仕事人間で、家族関係も上手く作れない。一方で、男性のニックは姪のゾーイとも仲良くなる。彼は、従来的な男性シェフ像の対極にある人物です。

西口　そうですね。ニックはポストフェミニズム時代の男性像として、一つの典型と言っていいかもしれません。とはいえ、少しステレオタイプかなと思うところもあります。最初から道化的で、素敵な男性だと思うのですが、主人公の欠損を埋める役割に徹したキャラクター描写になっている印象です。

不完全な人間でよい、という提案

河野　ポストフェミニズムといえば、「衣」についての対談でも触れたアンジェラ・マクロビーというイギリスのメディア学者がいますが（対話９参照）、彼女が現代の女性性に関して「レジリエンス」（回復力）という観念が重要になっていることを指摘しています。ポストフェミニズム状況において女性たちは、仕事ではリーダーになり、同時に家事・育児も完璧にこなすような、パーフェクトな理想像を追い求めます。しかし、やはりみんなついていけないので、それを補うようなかたちで「不完全でもよい」という言説が女性性の新たな理想像として出てくる。不完全でもいい、というのを含み込みつつ、理想には届かないけれどパーフェクトを目指して頑張る。その頑張りがレジリエンス（回復力）です。この、完全性（パーフェクト）、不完全性（インパーフェクト）、回復力（レジリエンス）の三つの観点からポストフェミニズム状況の女性たちについてマクロビーは論じています。

『幸せのレシピ』で主人公のケイトはパーフェクトな女性です。そこに疑似的な娘としてのゾーイが入ってきてうまくいかなくなる。物語は、パーフェクトでないものをどう自分の新たな主体に折り込んでいくかが焦点になります。これはレジリエンスの物語ですね。マクロビーの議論にぴったり当てはまるように感じます。

西口

たしかにケイトはコミュ力が欠けていますが、仕事で望んでいた地位を得て充実した生活を送っているようでした。しかし姪が来ることによってケイトの「ケアする女性」としての「欠損」が焦点になっていく。仕事では成功しているが家庭は寂しい、みたいなよくある視線が入りこんできて、それを埋めるものとしてニックが登場する。一見理想的なようでいて、前提が差別的なのではないかという気もします。

河野　そこが本当に重要なポイントです。マクロビーの議論も、別にこれが素晴らしいという話をしているのではなく、それによって現代の新自由主義的なポストフェミニズム状況が、保守的な女性性を再導入してしまっていることを問題にしているのです。ですから、『幸せのレシピ』に関しても基本的には保守的で反動的な物語としても読めます。ケイトは別に母親にならなくてもいいと思っているはずなのに、姪というプロットを持ち込むことによって、伝統的女性性のなさを「欠損」として強調している。

主婦とバリキャリ女性の対比

西口　料理映画と現代の女性性の話題に移ってきましたが、このテーマを考えるうえでは『ジュリー&ジュリア』（二〇〇九年）は外せないと思います。

こちらはシェフではなく、「料理研究家の物語」です。主人公の一人であるジュリア・チャイルド（メリル・ストリープ）は実在の料理研究家で、本格フレンチを一般家庭に紹介する著書やテレビ出演で一九六〇年代以降に有名になり、アメリカでは誰もが知っているような料理番組の「顔」になった人。一九〇センチメートルある身長の圧倒的な存在感とチャーミングなキャラクターが非常に人気を集めました。

料理研究家はメディアを通じて「伝える」仕事ですが、ジュリアの時代と二〇〇〇年代以降のジュリー（エイミー・アダムス）の時代ではメディア状況が様変わりしていることが分かります。ジュリアは出版とテレビ放送によって世に出たけど、ジュリーはブログで、レシピそのものというよりはレシピと格闘する自分語りによってインターネット上の読者の共感を得て、自分の足場を築いていきます。

河野 現代における新たな主婦像のつくり上げられ方を非常によく表現している映画ですね。これを観て思い出すのは、エミリー・マッチャーの『ハウスワイフ2.0』（森嶋マリ訳、文藝春秋、二〇一四年）です。一流大学卒だけれども、キャリアから「離脱」して専業主婦をやっている著者は、自給自足的な生活をし、ブログ上でその新たな生活スタイルを提示して人気を博した人です。その人気を利用し、手作りした品物のネット販売や、書籍の出版で、まさに自分のライフスタイルを商品としてビジネスを展開しています。

こうした新しい主婦像が出てきているのですが、本当にそれで生活できる人なんてごく一部ですよね。ジュリー・パウエルは、ロウアー・マンハッタン再開発公社という会社に勤めています。それは、九・一一に関する問い合わせを処理する半官半民組織ですが、彼女は仕事にそんなにやりがいを感じていないようです。それを補うように、ジュリア・チャイルドのレシピを再現するという企画をブログで始めて人気を博していく。カッコ付きの「新たな主婦像」が描かれます。ただしそれは全く一般的ではなく、インターネットというメディア上の幻想でしかないのです。仕事のほうが充実していて私生活が欠損していた『幸せのレシピ』の物語とは逆ですよね。

西口　ジュリーが友人とランチするシーンでは、露骨に友人たちが成功者然としているのが印象的でした。ジュリーの「負け組」感を強調するためだけのひどいシーンというか、ギャグみたいな感じ。

『ジュリー＆ジュリア』ノーラ・エフロン／2009年
ランチ中に忙しく電話をしはじめる友人たちに困惑するジュリー

河野　ちょっと典型的すぎる気はするのですが、わかりやすいですね。その友人たちは『幸せのレシピ』のケイトみたいな、ガラスの天井を破ったリーダー女性になっている。それがジュリーに対すると、勝ち組対負け組みたいな図式になってしまう。物語は、「負け組」のジュリーがどうやって一発逆転するかというところが軸になります。

半径五メートルの世界を快適に整える現代性

西口　ただ、ジュリーの仕事ですが、たしかに大変そうではあるけど、たとえば社内でいじめられているとか、処遇がひどいというわけでもなさそうで、現在から見ると「そんなに仕事で満たされないのか？」という気もしました。

河野　ジュリーが受けている電話には、九・一一に関することであれば何でもかかってくるので、何にでも対応しなければいけない、柔軟性を求められる仕事です。ただ、彼女はそれなりにちゃんとやっているところもうかがえたりするわけですよ。あの職業自体が九・一一によってアメリカ社会にあけられた穴を修復する仕事ですよね。ただし、ジュリーの想像力はそこには及ばないようで、やりがいにつながっているかというとどうもそうではないですね。

むしろ映画内で重視されるのは、アメリカ社会を修復するというような大きなことでなく、自分の「半径五メートル以内」のコミュニティをつくる行為を、やりがいを持ってできるようになるにはどうするかということです。つまり、大きな社会には手が出ないけど、手の届く範囲のコミュニティで活躍したいという願望がそこにある。ただし、その手段は資本主義的です。個人事業主としてブログをつくってそこで人気者になり、さまざまな商売をする。家事労働、もしくは再生産労働を使ってビジネスをするアントレプレナーシップを推奨する物語という感じですね。これは批判というよりは、この映画がみごとに現代性を捉えているということなのですが。

レシピを介して、目の前にいない誰かとつながってゆく

西口 満たされなさは、ジュリーだけではなく、ジュリア・チャイルドでも描かれますね。ジュリアが夫の転勤に付き添ってパリに引っ越してから、通りすがりの夫婦のベビーカーを目で追うカットがありました。自分たち夫婦に子供がいないという「欠損」を控え目に暗示する場面です。合衆国の外交官の妻として、料理を自分で作らなくてもいい特権的な身分であり、ジュリアは自分が打ち込むべきものがよくわからない。だからこそ、それを料理に求めたというプロットです［1］。

河野 そう考えると、世代を超えた女性の連帯として評価する筋はありますね。福祉国家体制のもと、家庭に閉じ込められて苦しむ専業主婦。その後に第二波フェミニズムを経て、女性たちに「解放」がもたらされます。ジュリーは、その解放が進み、女性が職業を得られるようになったとされるポストフェミニズム時代に生きています。時代を超えて欠損を抱える女性たちが繋がっていくのが面白い。似たような試みと

しては『**めぐりあう時間たち**』（二〇〇二年）が思い出されます。

西口 ジュリア・チャイルドが一九六〇〜七〇年代当時のアメリカの主婦たちから熱く支持されたのは、第二波フェミニズムの議論からこぼれ落ちがちだった専業主婦を勇気づけたからだと言われています。『めぐりあう時間たち』を意識しているのかなと僕も感じました。

河野 あとは、『**レボリューショナリー・ロード 燃え尽きるまで**』（二〇〇八年）も。福祉国家期の女性を描く映画は一つのジャンルになっているとさえ言えます。当時の典型

---

1 ジュリア・チャイルドの人生については、ドキュメンタリー映画『ジュリア アメリカの食卓を変えた伝説の料理研究家』（二〇二二年）に詳しい。一九一二年にロサンゼルス郊外の裕福で保守的なアングロサクソン家庭に生まれたジュリアは、大卒後に父の決めた結婚を拒否し、第二次世界大戦でスパイを志望して戦略情報局（CIAの前身組織）の事務員として働くことで、広い世界と人生の「自由」を手に入れた。赴任先のスリランカや中国では、のちに夫となる同僚のポールと懇意になり、現地の料理を食べることに大きな喜びを見出した。フランスで名門料理学校ル・コルドン・ブルーに通えたのも、復員軍人援護法で元米兵のための職業訓練クラスが開かれていたからだという。

的な専業主婦の苦しみを描きつつ、そこから解放されたけれども別の苦しみを抱えている現代の女性との繋がりを描くことが、感動の主成分になっているような映画ですね。

西口　ジュリーは、ジュリア・チャイルドという存在に時代を超えて励まされていますよね。ジュリアの出演した料理番組が映画のなかでも再現されていますが、かなり天真爛漫なスタイルだったそうです。フライ返しを盛大に失敗してもそのまま放送され、「失敗を気にしないで」「完璧な主婦であることを求めないで」というメッセージが視聴者に受け止められた。近年の日本だと平野レミみたいな感じでしょうか。

阿古真理『小林カツ代と栗原はるみ――料理研究家とその時代』（新潮新書、二〇一五年）は、明治時代から現代に至るまで、日本の料理研究家がどのような役割を果たしてきたかを論じています。議論の軸として、日本の第二波フェミニズムが一つの頂点を迎えた一九八〇年代に時代の寵児となった小林カツ代と、ポストフェミニズム的な平成期にカリスマ主婦として人気を集めた栗原はるみが対照されます。一九七〇年代から活躍した小林カツ代は日本の家庭料理に革命を起こし、「家事をへらしたい、でも、ちゃんとつくって家族に食べさせたいというアンビバレントな気持ちを抱く（働く）主婦に、処方箋を示した」と阿古さんは書いています。「主婦」と呼ばれることを嫌がり「家庭料理のプロ」を自任した小林カツ代に対して、栗原はるみはあくまで自らを「主婦」としてプロデュースし、家庭像を含めた「ライフスタイル」を見事に商品にしました。二人の関係性を抜きにすれば、日本のジュリー＆ジュリアは栗原はるみと小林カツ代と言えるかもしれません。

個人的な話ですが、僕にとって小林カツ代はヒーローのような存在だったと彼女が亡くなったときに気づきました。フェミニストである母親から「男の子も料理できるようになりなさい。料理したらモテるよ」と子供の頃から言われてきたのですが（笑）、その裏側には、女性ばかりが家事を押し付けられる不公平な構造に対する思いと、それでもやらなければならない現実とのジレンマがあった。拒否したところで夫が自分の代わりにやってくれるわけでもない。小林カツ代はそれを分かったうえで、生活を最低限維持できるだけの合理的で実用的なアドバイスをしたのです。また、政治や社会について発言することも臆さなかった。僕のカツ代に対する視線は、母親の視線を経由しています。その影響もあってか、『ジュリー＆ジュリア』

を観ると、ジュリーがジュリアを見る視線に共感するのです。会ったこともないのに、その人が自分のなかで何かを語りかけてくるように感じる。

レシピと「コモン・カルチャー」

河野 作中で感動したセリフがあって、料理が間に合わないピンチのとき、相手から「ウソをつけばいいじゃないか」と言われたシーンです。ジュリーは「それはできない。ジュリアは私のことを見ている」「彼女のおかげで私はより良い人（better person）になった」と返します。この「より良い人」というのが、彼女がレシピを三六五日で再現するプロジェクトの動機なわけですね。あのセリフは、西口さんがおっしゃるような「語りかけ」への応答を表現していたのですね。何が感動的だったか、よく分かりました。

『エイブのキッチンストーリー』に戻ると、亡くなったおばあちゃんとエイブとが遺されたレシピを介してつながるという描写が、奇しくも西口さんに近いのかもしれませんね。

西口　そういえば、父方の祖母はすごく料理が上手で、幼い頃から年末年始には京都の祖母の家に行き、彼女のつくるご馳走を食べていました。僕の料理に対する興味は祖母の影響も大きいのですが、祖母自身は料理研究家の走りだった彼女の叔母から影響を受けたのだと近年知りました。

河野　レイモンド・ウィリアムズの「共通文化」を思い出します。共通文化と言うと、そんなものを私たちに強制するな、というようなリアクションを受けがちなのですが、ウィリアムズの共通文化というのはそれとはちょっと違うのですね。彼は、中産階級に占有されている文化である「カルチャー・イン・コモン」を批判して、これから来るべき民主的な文化として「コモン・カルチャー」を提唱しました。そこで重要になるのが、おっしゃっていたような世代を超えた伝達です。共有される範囲も拡張されていくような文化のことを「コモン・カルチャー」と言っているのです。

　レシピが受け継がれるという話は、まさに「コモン・カルチャー」に近いのかもしれません。ジュリア・チャイルドのレシピは過去のものではありますが、それを自分のものにしていく過程というのは、文化を拡張していく過程でもあるわけですね。そうやって文化を共有しなおして自分のものにして、しかも自分の文化も広がっていく。『エイブ』に関しても、そういう「コモン・カルチャー」の視点から見ていく必要があるのかもしれませんね。

（対話11）

住むこと、住まいを失うこと

サンドラの小さな家

Herself

監 フィリダ・ロイド／97分／アイルランド・英／2020年

STORY シングルマザーのサンドラは、DV夫のもとから二人の幼い娘とともに逃げ出したが、住まいが見つからずホテル生活から抜け出せない。ある日、手頃な家を自分で建てようというアイデアを思いつくも、土地、資金、人材……足りないものだらけで途方に暮れていたサンドラだったが、土地と資金の提供を申し出てくれた雇い主のペギー、偶然出会った建設業者のエイドなど、少しずつ仲間を増やし、小さな家を作っていく。

SWEET SIXTEEN

SWEET SIXTEEN

監 ケン・ローチ／106分／英／2002年

STORY 一五歳の少年リアムは、親友ピンボールと学校にも行かず好き勝手な毎日を送っていた。リアムには、一つ屋根の下で家族揃って幸せに暮らすという夢があった。しかし、母はヤクの売人である恋人のせいで服役中で、出所はリアムの一六歳の誕生日前日。そんなある日、湖畔で理想的なコテージを目にしたリアムは、その家の購入を決意する。金を用意するためピンボールとともに薬物を盗んで、それを売り捌くのだったが……。

キャシー・カム・ホーム

Cathy Come Home

監 ケン・ローチ／80分／英／1966年

STORY 高給取りのトラック運転手として働くレジとその妻キャシー。二人は結婚した当初は最新式の二重窓のついたマンションに居を構えていた。しかし、キャシーが妊娠して仕事を辞めると同時にレジがトラックで事故を起こして収入が断たれる。これをきっかけに転落しはじめた二人の住居はしだいに粗末なものになっていき……。

ファーザー

The Father

監 フロリアン・ゼレール／97分／英・仏／2020年

STORY ロンドンで暮らす八一歳のアンソニーは記憶が薄れ始め、日々の生活がままならなくなってきた。自宅に突然現れ、娘のアンと結婚して一〇年以上になると語る、この見知らぬ男は誰だ？ なぜ彼はここが自分とアンの家だと主張するのか？ ひょっとして財産を奪う気か？ そして、最愛の娘ルーシーはどこに消えたのか？ 現実と幻想の境界が崩れていき、アンソニーは激しい混乱に陥る。

ノマドランド

Nomadland

監 クロエ・ジャオ／110分／米／2020年

STORY リーマン・ショックによる企業の破綻とともに、長年住み慣れた住まいも失ったファーンは、キャンピングカーに亡き夫との思い出を詰め込んで、〈現代のノマド＝遊牧民〉として、季節労働の現場を渡り歩く。日々を懸命に乗り越えながら、往く先々で出会うノマドたちとの心の交流と共に、誇りを持った彼女の自由な旅は続いていく——。

二〇二一年四月一一日収録

ケン・ローチのエッセンスを継ぐ作品――『サンドラの小さな家』

西口　「衣」「食」に続いて、今回は「住」をテーマにした作品について話したいのですが、近年の映画として『**サンドラの小さな家**』（二〇二〇年）を入口にするのはいかがでしょうか。本作は、イギリスの映画監督ケン・ローチの作品（対話3参照）に対するアンサーや継承が随所に感じられました。脚本は、主演をつとめた俳優クレア・ダンが自ら書いています。

そもそも「家」というテーマ自体はずっとケン・ローチ作品の中心に据えられてきたもので、彼の出世作『**キャシー・カム・ホーム**』（一九六六年）からはじまり、その後の代表作でも、労働者階級の登場人物が希望の象徴として自らの家を求める姿が繰り返し描かれてきました。『サンドラの小さな家』はこの物語を継ぎつつ、でもケン・ローチとは違う語り方をしてみせた。語りたいことがたくさんある映画です。

河野　そうですね。自分で家を建ててしまうという最初の展開は少し現実離れした運びになっているのですが、サンドラへの感情移入と映画への没入感が高まっていき、衝撃的な結末も強く印象に残り、極めて良い作品だと思います。西口さんのおっしゃる通り、ケン・ローチのＤＮＡを継ぐ新しい映画が出てきましたね。
　まず物語のテーマの一つは家庭内暴力（ＤＶ）ですよね。それと絡んだかたちでのシングルマザーの貧困問題。そしてもう一つは住宅問題ですよね。今回はそこに焦点を絞っていきましょう。

生活の基盤としての「家」を問う

西口　まず思い浮かぶのは、ケン・ローチ監督の映画『キャシー・カム・ホーム』です。
河野　『サンドラの小さな家』は『キャシー』への返歌ですよね。『キャシー』は、ほかのケン・ローチ作品と同じく安易なハッピーエンドを与えることがなく、観客に現実を見つめさせる冷徹な作品になっています。家を手に入れられないことが家族やコミュニティなどでの生活を維持できないことに繋がっていくという構造は、『サンドラの小さな家』と通底する部分があります。

『キャシー』が公開された一九六〇年代のイギリスは、大戦後の福祉国家のもと社会が急速に豊かになっていった時代とされています。労働者階級であっても綺麗な家に住める消費文化が花咲いていた雰囲気のなかで、若きケン・ローチ監督は、その浮かれ騒ぎの裏側にある過酷な生活実態を示して、当時大変な話題となったのです。

それに対して時代は大きく違いますが、『サンドラの小さな家』も似たような背景のもとに制作された映画であると言えます。舞台となったアイルランドは、欧州の最貧国でしたが、二〇〇〇年代に「ケルトの虎」と呼ばれる好景気と急速な経済成長を成し遂げました。しかし、二〇〇七年に不動産バブルが弾けたことで一気に不況に見舞われ、その結果、住宅不足と家賃高騰が二〇一〇年代に進んでいきました。その一方で政府は、公営住宅の売却・私有化を進めていき、公共的な住宅政策は縮小していきます。

西口　その経済的な背景は映画のなかでも細かく挿入されていますね。サンドラが運転する車のカーラジオでは高級ホテルの建設ラッシュが伝えられ、ＤＶ夫も仕事が殺到していてすごく稼いでいると言っていて、どうやら建設産業に関しては景気が良いようです。一方で、サンドラが家を探していると、ボロボロの狭い家でも家賃がすごく高い。足元を見る不動産業者に「恥を知りなさい！」とサンドラが抗議する場面もありました。さりげないけど印象に残ります。最低限の住まいを確保することは基本的人権の問題であり、その意味では家だって公共的なものであるはずなのに、こんな劣悪な住居を高額で貸し出そうとするなんておかしいじゃないか、という怒りです。

河野　二〇〇八年のアメリカのサブプライム・ローン問題もそうですが、本来は公共的な性格のある住宅が資本主義のもとで投機の対象になっていくことによって、最終的に苦しむのは貧しい人たちや労働者階級だということですよね。空き家が問題とされているのに、高級タワマンがどんどん建てられている日本の状況を彷彿とさせます。

偶然でしかつながれない?
――階級コミュニティなき時代のコミュニティ

河野　それとの絡み合いでもう一つ浮かんでくるテーマは「コミュニティ」だと思います。『サンドラの小さな家』は、既存の労働者階級コミュニティによって救われるという物語ではない。たとえば職場の同僚や、地域の労働組合を介して結びつくのではなく、店で偶然に会った人などがサンドラを助けていきます。そのようにしてコミュニティが形成され助け合いがおこなわれるさまが感動的だという見方もできるかもしれませんけれども、考えなければならないのは、そういうコミュニティの示し方しかできないのはどうしてでしょう?という点です。

実は『キャシー』も同じく、頼れる労働者階級コミュニティがない状況を描いています。一九六〇年代ごろにはじまった労働者階級コミュニティの弱体化――これは皮肉にも、福祉国家の充実によって起こった側面があるのですが――、そしてその後の新自由主義時代のサッチャー政権の攻撃による解体を経たその先にサンドラがいるのです。キャシーとサンドラは時代を超えてひと繋がりだということですね。しかし『サンドラの小さな家』のポイントは、それを悲劇的なかたちで終わらせなかったことです。偶然的であれ、労働者階級コミュニティとは別のコミュニティを作った。おそらくケン・ローチ監督だったら突っぱねると思いますけれども。時代に合ったコミュニティの可能性を真摯に考えた結果なのかなと思います。

ケン・ローチが描く「家」の意味――『SWEET SIXTEEN』

西口　『サンドラの小さな家』を観てもう一つ思い出すのがケン・ローチ監督の『SWEET SIXTEEN』(二〇〇二年)という映画です。僕が最初に観たケン・ローチ作品で、当時とても衝撃を受けました。

この作品のテーマは母親と息子の関係性だと言えますが、今回の文脈で捉え直すと『SWEET SIXTEEN』も「家」をめぐる物語です。ケン・ローチ監督はいつも登場人物のとても重要で切実な動機として住まいの確保を描いてきたと思うのです。労働者階級として生きるうえで、家というものがいかにエッセンシャルかという認識がストーリーの土台にある。

河野 そうですね。主人公リアム（マーティン・コムストン）が刑務所から出てくる母親を迎えたいと思い、ドラッグを売ったお金で湖畔のキャラヴァン——アメリカ英語ではトレーラー「ハウス」ですね——を買おうとします。それと同時にドラッグ組織から買い与えられた中流階級的なアパートメントがある。リアムは、母親を後者の家に迎え入れるのですが、それを拒まれるという展開になります。

ここで「家」が表象するものはなにかというと、やはり「コミュニティ」なのですよね。リアムは居場所となるコミュニティを求めているのですが、彼が頼りうるコミュニティは、母親と自分という最小単位のものしかない。それを必死に再生しようとする姿が小さなキャラヴァンを手に入れようとするという行動で表象されています。まさにこの映画も労働者階級コミュニティの解体を背景に持つ映画と言えるでしょう。

金融危機で消失した家とコミュニティ――『ノマドランド』

河野　今日の対談のもう一つのテーマは「ホームレスネス」、つまり家がないこと、家を失うことですが、これにぴったりな映画が『**ノマドランド**』（二〇二〇年）ですね。監督はクロエ・ジャオで、前作『**ザ・ライダー**』（二〇一七年）も面白く、今回も相当に良い作品になっています。『ノマド――漂流する高齢労働者たち』（鈴木素子 訳、春秋社、二〇一八年）というノンフィクションを原作としており、現実の問題をもとにフィクショナルな物語作品を作ったということですね。

主人公ファーン（フランシス・マクドーマンド）は、おそらくリーマン・ショックにより財産を失い一気に転落した中流階級の一人です。本作は、そうして家を失い放浪する「ノマド」の人たちの物語として展開していきます。面白いのが、ノマド状況を単に否定せず、ある種の自由の経験として意味づけようとする点です。そのため、登場人物は、これまで紹介してきたイギリス・アイルランドの作品とは異質な緩やかなコミュニティのなかで生活を送っています。一九世紀末から二〇世紀初頭にアメリカではホーボー（Hobo）と呼ばれる、鉄道に無賃乗車しながら各地の労働現場を転々とする季節労働者がいましたが、あのようなアメリカの伝統的な放浪生活の捉え方が根底にあるのかと思います。

西口 とても面白い作品です。おっしゃる通り、「ノマド」をただ解決すべき「社会問題」としてのみ描くわけではない。主人公ファーンが転々とするアメリカ各地の風景が厳しくも美しく、観客は惹き込まれていきますが、その地で従事する労働もしっかりと描かれています。Amazonの倉庫で働く場面で、ノマド労働者のキャンピングカー専用の駐車場があるなど、Amazon側もノマドを労働力として見込んで職場を整備していることが分かります。このリアリティは緻密にリサーチされたノンフィクションを原作に持つ作品の強さだと思います。

ファーンはどこに行ってもめちゃくちゃ「できる」労働者なんですよね。もとは代用教員で、Amazonの倉庫労働者、フードコートのキッチン・クルー、キャンピングサイトの運営スタッフ、しかもビーツも掘れる農業労働者。多種多様な仕事をこなす有能な人ですが、その労働内容は過酷です。そして周囲の人びとは女性や高齢者が多い。女性の「ノマド」のなかには非常に怖い経験をしている人もいます。
この映画を「社会」的に観るとき、どう考えて良いのかすぐには割り切れないところがあります。その複雑さが作品としての美点になっていると感じました。

河野 私は、西口さんが割り切れないという作品をいつもズバズバ切ってしまう傾向がありますが（笑）、やはりまず印象に残るのは労働の描写ですね。これには、二〇〇八年のリーマン・ショックによる切断という歴史的な変化が刻印されています。作中で登場する街「エンパイア」は、建築に使う石膏ボードを作る工場を中心とする企業城下町で、二〇世紀中葉の産業社会を象徴する存在です。企業を中心とした比較的に裕福な中流階級のコミュニティがそこには存在していたのですが、それがリーマン・ショックによって街ごと消えてしまう。

西口 「エンパイア」は物語のなかで重要な位置にあって、古き良きアメリカ型企業福祉を体現するような街だったのかなと想像させます。街で唯一の大企業が雇用だけでなく社宅（住まい）や学校（教育）・保育園まで、従業員の公私にわたる生活の面倒を見るような。ファーンが働く学校はそのなかにありましたが、主人公はその箱庭のような街を捨てて「ノマド」となり、Amazonの倉庫へ向かっていく。ファーンは最愛の夫を「エンパイア」で亡くしています。彼女がどれほど彼を愛していたかということは、作品の最初の数カットで十全に表現されていて、のちに自分たちがかつて住んでいた家に帰っていくシーンは感動的です。

河野　ここにいろいろなアイロニーを読み込めますね。もともと「家」を作るための建材を作る工業都市だった「エンパイア」が崩壊し、そこに住む人たちが「家」を失うという構造もそうです。

思い出されるのはやはりケン・ローチ監督作品の『**家族を想うとき**』（二〇一九年）ですね（対話3参照）。これもAmazon的な、不安定なギグ・ワークをテーマにしていました。このイギリス的な文脈は『アマゾンの倉庫で絶望し、ウーバーの車で発狂した』（濱野大道 訳、光文社、二〇一九年）という本に詳しいです。

すこし米英を比較すると、たとえばイギリスの炭鉱労働者コミュニティは多かれ少なかれ、労働者が自生的に形成した伝統的なものだという背景があります。それに対してアメリカの炭鉱労働者コミュニティは、石炭が発見された地域にノマド的な人たちを集めて一気に作りあげたというイメージです。そのため、中心となる企業がなくなると、一気に崩壊していく。『ノマドランド』は企業が丸抱えしていたコミュニティがなくなり、Amazon的な分断された労働者階級しかありえないなかで、どうやってコミュニティを再建するかというビジョンを示そうとしていると読みました。そういう意味では、『サンドラの小さな家』にも通じるところがありますね。

公共・福祉の稀薄さから見えるアメリカ社会

河野　ここまでで取り上げた映画は、いわゆる「自助」や「共助」を強調するものと捉えられると思います。公助的なものが後退していくなかで、彼女ら／彼らは何らかの共助的なコミュニティを必死で作ろうとする。たしかにその姿は感動的なのですが、しかし、そこからは「公助」が抜けてしまっている可能性があるということは指摘しなければなりません。

西口　特に『ノマドランド』は、前半に出てくる職業安定所のような場所を除けば、行政的なものが出てこないですよね。『サンドラの小さな家』やケン・ローチ作品が一貫して持つ労働行政・福祉行政に対する批判的な視点が『ノマドランド』の場合は稀薄です。そもそもアメリカでは公共的なものに対する期待値がヨーロッパとは大きく違うことが伝わってきます。

河野　『ノマドランド』ではボブ・ウェルズという放浪生活のカリスマのような存在の男性が登場しますが、彼は実在の人物（本人出演）で、YouTuberとしても動画を発信しています。それは「いかに資本主義から離れた暮らしを安くできるか」というような内容です。従来の福祉国家的（福祉資本主義的）な生活を積極的に否定して、資本主義から離れた生活を自由のモメントとして捉える。ところが、その言説は公助的なものの否定にも繋がり、さらにその実践者を過酷な生活へといざなってしまうという危うさがあります。

『サンドラの小さな家』に関しても、偶然的な助け合いコミュニティの強調によって、『ノマドランド』と同じく公助の視点が抜け落ちる可能性を指摘することも可能でしょう。ただ、これについては最終的な読解として単純すぎる気もします。『サンドラの小さな家』のような映画は、たくさんいるほかのサンドラたちには手に入らないような、ある意味で非現実的なコミュニティを提示することによって、逆に現実における過酷さ、公助の欠落を強調しているとも読めます。

家の獲得に紐づいた男性像と、女性のセキュリティ

西口 なぜあのストーリーが魅力的かというと、シングルマザーが一人で家を建てるということが、現実の私たちの暮らす社会からしたらありえないほどすごいからですよね。いまでも家を買う主体は核家族であって、主に男性労働者が正社員として働いてローンを組む資格を得て、家族のために家を建てる。企業ありきの福祉社会である日本では顕著ですが、企業に勤めることを通じて家というセキュリティを手に入れる。そこからこぼれ落ちる者は劣悪な賃貸住宅を借りるしかない。そういう前提を乗り越えるストーリーです。

河野　DVの経験からか家の鍵を丈夫なものにしたいというサンドラと、その予算はないと主張する大工が喧嘩をするシーンがありましたが、家の鍵が象徴するセキュリティというものは、あらゆる女性が得られるものではない。最終的にそれをユートピア的なものとして示しているのですね。表面的には公助がないなら自助・共助でなんとかするというストーリーですが、しかしそれが現実では不可能なのはどうしてでしょう?と問いかける構造になっています。どこにも存在しないユートピアを示すことで、現実の欠落を示しているという、ひっくり返した読みもできる。そういう意味であらためて素晴らしい作品だと思います。

『サンドラの小さな家』フィリダ・ロイド／2020年
家の鍵を安いものにするように言われて、激怒するサンドラ

扱いが簡単で
安全なメーカーのがいい

“なぜだ”とか“高すぎる”とか
もうウンザリ

人間にとって「家」とは何か、「老い」とは何か
――『ミナリ』『ファーザー』

西口　「家」をテーマにした映画として『**ミナリ**』（二〇二〇年）にも注目していましたが、この作品はそれ以上に「おばあちゃん映画」でしたね。『ノマドランド』が高齢者の労働を描いていることとも通じます。お父さん役のスティーブン・ユァンは、『**バーニング 劇場版**』（二〇一八年）では勝ち組の青年実業家を演じていました。そんな彼が、移民として渡ったアメリカの大地で過酷な経験をする役を演じているのが面白かった。

河野　『ミナリ』はまた男性性についての映画でもありますね。

家と高齢者、そして男性性つながりですが、『**ファーザー**』（二〇二〇年）も注目の映画です。主演のアンソニー・ホプキンスの演技が本当にすさまじい。それに加えて、認知症問題を映画に落とし込んだストーリーも非常に引き込まれていきます。

本作では、主人公の認知症が進んでいく主観を描いているため、映画の描写のどれ

が現実なのかわからない。現実と幻想の境界が崩れていくなかで、ラストまで目が離せません。

西口　「信頼できない語り手」という小説の叙述技法がありますが、映画の場合は基本的に登場人物の誰の視点でもない視点から語られるため、「信頼できない語り手」をどう表現するかは確立されていないと思います。しかし『ファーザー』は見事にそれをやっている。非常に感銘を受けました。

河野　この映画の原作は演劇作品で、「信頼できない語り手」を映画でやってのけたのは、映画よりもそれを表現することが容易な演劇的手法を継承しているのが大きいのですね。また原作の演劇は、家のセットのなかで展開されます。それは『ファーザー』でも踏襲されていて、家が重要なテーマになっています。

西口　人間にとって「家」とは何か、「老い」とは何かを考えさせられました。長年暮らした自分の家というのは自分の記憶そのものだとも捉えられるでしょう。その慣れ親しんだ家（記憶）につぎつぎと不安や不信が混入するという展開です。

「働き続ける主体」という幻想

河野　老後のその先における「家」の意味を問うという、まさに『ノマドランド』とは好対照な作品ですよね。『ノマドランド』では、定年退職という概念がなくなり高齢者でも働き続け、いつまでも老後が訪れません。しかし、人間である以上は、生まれた直後と死ぬ直前の時期は必ず誰かの世話にならなければ生きていけません。近年提唱されている「老後の消滅」「定年の消滅」など、いつまでも労働し続ける人生モデルは、人間の根本的な依存性を考えると幻想でしかない。『ファーザー』はそういうことを深く感じさせる映画です。

『ファーザー』フロリアン・ゼール／2020年

新しいヘルパーに昔の職業を聞かれてダンサーと答えるアンソニー（上）と、それを訂正するアン（下）

西口　主人公のアンソニーが介護人に自身を「タップダンサーだった」と紹介して、娘のアン（オリビア・コールマン）が「エンジニアでしょ」と呟く場面がありますよね。アンソニーがどのような職業人生を歩いてきたのかは確定できない作品の構造になっていますが、舞台である「家」の感じから、ここで議論してきた労働者階級とはやや異なる専門職・中流階級だったのかなと僕は想像しました。そうであっても「家」は、引退後に安心して暮らすための最も重要な基盤で、それまでの人生の時間が詰まった場所です。それが損なわれていく辛さを追体験するような作品でした。

河野　二〇二〇年代初頭に家に関する多くの映画が同時に出てくるということは、まさにいまが、住まいやコミュニティが持つ人生における意味づけが変わっている時代だということですね。従来のものが手に入らなくなっている。それに応じたかたちの物語が出てきているという背景が確実にありますね。この状況は日本でも共通していますので、日本映画のなかにも傑作が出てくることに期待したいと思います。

コミュニケーションとしての映画——あとがきにかえて

トーマス・エジソンがキネトスコープを発表したのが一八九三年。そしてリュミエール兄弟がシネマトグラフ・リュミエールを世に問うたのが一八九五年。これを書いている二〇二三年は、映画の誕生から一三〇年ということになる。一三〇年は、短い。視覚芸術としても、物語芸術としても、他のジャンルに比べれば非常に短い歴史しか持っていない。

そのように言ったからといって、映画は他のジャンルに劣ると言いたいわけではさらさらない。それどころか、一三〇年という映画の歴史はこの上なく濃密だ。一九二〇年代にはすでに、ドイツ表現主義を中心として芸術性の高い映画が作られ始め、一方でウォルト・ディズニー・カートゥーン・スタジオ（現ウォルト・ディズニー・カンパニー）が設立されたのもその同じ一九二〇年代であった。同時代のモダニズム文学とも共鳴する芸術性と、ディズニーが象徴する大衆性、これらが、映画が生まれてわずか三〇年で萌芽し、形をなしていたのだ。

単線的な進歩史観は謹むべきかもしれないが、映画はたとえば先行する芸術形式である文学がたどった歴史（大衆性と芸術性の歴史）を早回しでたどったように見える。そしてこれは私の偏った歴史観かもしれないが、大衆性、芸術性の前にあり、そしてそれらの後に来るのは、社会性である。

社会性が大衆性や芸術性の前と後に来るというのはどういうことか。前と後というのは必ずしも時間的な問題ではない。論理的な問題である。本書の締めくくりとしてそのことの意味を述べておきたい。

本書での対話は、映画を社会的に読み解くとはどういうことか、そして社会的な映画とはいかなるものなのかをめぐる探求だったと要約することができる。この探求が、現在の映画論や映画分析のアプローチの本流からかなりずれていることは、筆者たちは意識している。つまり、ショットやモンタージュの技術、ひいては形式面に力点を置くアプローチである。本書の対話においては、あえてそのような語りは排し、映画の社会性を主題にした。

だが取り急いでつけ加えなければならないのは、映画が社会的であるとは「社会問題」が描かれたり、その解決法が示されたりすることとは等号では結ばれないということである。もちろん、社会問題を扱った映画が社会的な映画になることはありえるが、必ずしもそうなるとは限らない。

では、映画を社会的にするものとは何か。それは映画を純粋に芸術的なものとして見ても、また大衆的なものとして見ても見落とされるような位相のものであろう。その位相に、あえて名前をつけるとするならば、それはコミュニケーションではないか。この社会に住む人間の経験をコミュニケートするものとしての映画。その位相は、映画を安定的に完成された芸術作品とみなしても、はたまた商業化され尽くした娯楽商品とみなしても見失われてしまう。

本文を読めば、本書の二人の対話者にとって、ケン・ローチが特権的な地位にある監督であることはお分かりいただけると思うが、とりわけ円熟期のケン・ローチ作品は、自分の作品を完結し完成されたものとすることを拒否するかのように、登場人物たちの現実と経験のさなかに残酷とも言える峻厳さで観客を放り出す。

もちろん、ケン・ローチの方法が唯一であるとは考えないが、それでも彼の映画は、社会に暮らす人間の経験をコミュニケートする秀逸な方法なのである。

社会性が芸術性と大衆性の前そして後に来るとはそのような意味においてである。社会的な映画は、同時に芸術的であったり大衆的であったりする可能性ももちろんあるのだが、そうである前にコミュニケーションなのであり、そうである後にもコミュニケーションを目指す。

そして、任意の作品はそれだけで本質的に芸術的であったり大衆的であったり、はたまた社会的であったりするわけではない。それは、そのように経験をコミュニケートされた私たち観衆による受容と読解を経て、初めてそれらのものになるのだ。これは当たり前のことで、コミュニケーションは受け取り手がいて初めて成立するのだ。

その意味で、「批評」という名をつけるかどうかは別として、映画は常に受容され、それについて語られ続けなければならない。そのような語る行為こそがコミュニケーションと社会を生み出すのだから。それゆえに、本書の対話はそれ自体、ある一定の社会を生み出す試みだった。もちろんこれが唯一の正しい社会の生み出し方であるとは主張しない。本書の対話はさらなる対話――そこには肯定も否定も含まれるだろう――に開かれており、それはまた別のコミュニケーションと社会を生み出していくだろう。映画の生は、スクリーンの上だけにあるのではなく、そのように拡散していくコミュニケーションの中にあるのだ。

河野真太郎

謝辞

本書は、雑誌『ＰＯＳＳＥ』四三号（二〇一九年一一月）から五二号（二〇二二年一二月）まで連載した「対談型映画批評　映画のなかに社会を読み解く」を再編集し、追加の対談とコラムを加筆したものである。

この連載時期の多くの部分は新型コロナウイルスのパンデミックの時期に重なっている。それによって、二人の対談の多くがパソコンのモニター越しのものとなっただけではなく、パンデミックは映画産業にも大きな傷跡を残した。だがそれによって、作られるべき重要な作品が作られなかったとか、作られた映画があるべき姿から逸脱したというわけではない。パンデミックは私たちの社会の一部なのであり、それは映画が私たちの社会の一部であるのと同じだ。その社会がいかなるものになっているのか、これからもスクリーンを見つめながら考えていきたい。

本書の元になった連載にあたっては堀之内出版の鈴木陽介さんに、また書籍化にあたっては鈴木さんと同じく堀之内出版の野村玲央さんに大変にお世話になった。記して感謝したい。

二〇二四年三月　著者

（初出一覧）

本書のもととなった連載「対談型映画批評　映画のなかに社会を読み解く」の初出は以下の通り。

対話 1：「第 4 回 ハラスメントと映画」『POSSE vol.46』

対話 2：「第 1 回 天気の子」『POSSE vol.43』

対話 3：「第 2 回 家族を想うとき」『POSSE vol.44』

対話 4：「第 8 回 陰謀論」『POSSE vol.50』

対話 5：「第 9 回 障害」『POSSE vol.51』

対話 6：新規収録

対話 7：「第 7 回 ケアと男性性」『POSSE vol.49』

対話 8：「第 3 回 男性性と階級」『POSSE vol.45』

対話 9：「最終回 ファッション映画に社会を読み解く」『POSSE vol.52』

対話 10：「第 5 回 料理と映画」『POSSE vol.47』

対話 11：「第 6 回 住まいとホームレスネス」『POSSE vol.48』

コラムはすべて書き下ろし。
本書で掲載した映画の「あらすじ」は、その映画の公式サイト、映画ドットコムなどに収録された文章を改変して作成した。個別の出典表記は省略している。

河野真太郎

1974年山口県生まれ。専門は英文学、イギリスの文化と社会。専修大学国際コミュニケーション学部教授。東京大学大学院人文社会系研究科欧米系文化研究専攻博士課程単位取得満期退学。一橋大学准教授などを経て現職。著書に、『戦う姫、働く少女』（堀之内出版、現在ちくま文庫化）、『新しい声を聞くぼくたち』（講談社）等多数。

西口想

1984年東京都生まれ。文筆家、労働団体職員。大学卒業後、テレビ番組制作会社勤務を経て現職。著書に『なぜオフィスでラブなのか』（堀之内出版）がある。

不完全な社会をめぐる映画対話
——映画について語り始めるために

2024年5月31日　初版第一刷発行

著者：**河野真太郎／西口想**

発行：**堀之内出版**
〒192-0355　東京都八王子市堀之内3-10-12
フォーリア23　206
Tel：042-682-4350／Fax：03-6856-3497

装丁・本文デザイン：**森敬太**（合同会社 飛ぶ教室）

印刷：**創栄図書印刷株式会社**

ISBN978-4-909237-93-4